HOW TO SURVIVE

ALS ALLEINERZIEHENDE

SARAH RAUCH

HOW TO SURVIVE
ALS

ALLEINERZIEHENDE

Locker bleiben allein mit Kind

SCHWARZKOPF & SCHWARZKOPF

INHALT

Wie dieses Buch Ihr Leben verändern wird · Wie Sie Ihren Status »alleinerziehend« ganz für sich alleine bestimmen · Wie Sie erkennen, was Ihre Umwelt über Sie denkt · Wie schwer es ist, wenn der eigene Partner mauert · Wie Sie mit der richtigen Haltung (meistens) ganz gelassen bleiben · Wie man den Kindern klarmacht, warum Papa plötzlich bei Eva wohnt · Wie wichtig enge Bezugspersonen sind · Wie Sie Ihre Lage (fast) ohne Likör bewältigen · Wie Luzie nützliche Tipps mit einem veganen Eisbecher verbindet · Wie Sie endlich einsehen, dass Tante Ute es nur gut meint

Wie Sie Verantwortung für zwei übernehmen · Wie Sie es schaffen, (k)einen Stempel aufgedrückt zu bekommen · Wie Sie ohne (Selbst-) Mitleid auskommen · Wie Sie sich von Ihrer wahren Seite zeigen · Wie Sie sich davor bewahren, in den Jammersong der Alleinerziehenden einzustimmen · Wie Sie der Statistik aus der Zahlenkolonne springen

Wie Sie Ihr Sozialleben vor dem Zusammenbruch retten · Wie Sie Ihre wahren Freunde erkennen · Wie Sie Ihre Kinder garantiert glücklich machen · Wie Ihre Kinder auch in Umbruchzeiten gut aufgehoben sind · Wie Betreuung ganztags funktioniert · Wie Sie sich und Ihren Kindern einreden, dass alles in Ordnung ist · Wie Sie mit leerem Geldbeutel für einen vollen Kühlschrank sorgen · Wie Sie Ihre Ziele an die erste Stelle rücken · Wie Sie in Bewegung bleiben

Wie Sie den Schwierigkeiten Ihrer Lage ins Auge sehen · Wie Sie Ihren Status gnadenlos ausnutzen · Wie gemein die süße Versuchung lockt · Wie Silvie die Konsequenzen trägt oder: Was Pudding mit neuen Kleidern zu tun hat · Wie Sie mehr Energie haben · Wie Kinder sich nicht jeden Schnupfen einfangen · Wie man auch ohne Sternekoch gesund essen kann · Wie Sie Ihren Stresspegel senken · Wie Sie die Welt aus der Sicht Ihres Kindes sehen · Wie Sie den Stresspegel der Kinder senken · Wie Sie für sich und Ihre Kinder eine echte Familienatmosphäre schaffen · Wie Sie und Ihre Kinder immer etwas zu lachen haben

Wie Sie endlich wieder ein Auge zubekommen · Wie Sie den Tag meistern, wenn Sie endlich mal wieder ausgeschlafen haben · Wie Sie den Tag meistern, wenn Sie trotz allem zu wenig geschlafen haben · Wie Sie es schaffen, nicht mehr täglich an Ihre Trennung zu denken · Wie Sie das Singledasein überleben

Wie Sie (am besten nicht) auf schwierige Kinderfragen antworten · Wie Luzie mal wieder die perfekte Antwort findet · Wie Schweigen zu Silber und Reden zu Gold wird · Wie Sie über den (oder die) Ex reden: eine eiserne Regel · Wie Sie die Übergabe erträglich gestalten · Wie unglaublich, aber wahr: Kurioses zum Unterhalt · Wie man Unpünktlichkeit und Absagen entschärft · Wie Expartner an Feiertagen fair miteinander bleiben

Wie Sie es schaffen, die Urteile der Verwandtschaft abzuschmettern · Wie man Tante Ute und Onkel Rudi aus dem Weg geht · Wie Sie es vermeiden, sich in Ausreden zu verstricken · Wie man Verwandtschaft : 2 rechnet · Wie Schicksalsgenossen Ihnen das Leben leichter machen · Wie Sie sich und Ihre Kinder als Teil der Familie etablieren

Wie Sie echte Freunde von falschen unterscheiden · Wie Sie ohne Facebook, Twitter und Co. netzwerken · Wie Freundschaften schwere Zeiten leichter machen · Wie es mit den Freunden Ihrer Kinder aussieht

Wie traurig es ist, dass die kleine Naomi in der Nase bohrt und ihr Schnitzel stehen lässt · Wie gefährlich es ist, wenn Kinder mit einem Goldfisch »Findet Nemo« gucken · Wie Ihr Kind selbstständig wird · Wie Kinder besser einschlafen · Wie Sie das richtige Maß für Computer und Co. festlegen · Wie Steffanos Rat Tante Ute und die Killerspiele besiegt · Wie Aufräumen zur Kunstform wird · Wie aus Kindern Teenager werden · Wie Ihre Kinder von Langeweile profitieren · Wie viel Spaß ein Blick über den Tellerrand bringt

Wie Sie Ihre Kohle zusammenhalten und vermehren · Wie Kinder Ihre Erspar-
nisse verflüssigen · Wie Sie mit einem anderen Auftreten unnötige Ausgaben
vermeiden · Wie Sie eine neue Wohnung finden

»Jedermann erfindet sich
früher oder später eine Geschichte,
die er für sein Leben hält.«
Max Frisch

WIE SIE ALS ALLEINERZIEHENDE(R) IN GEWINNERLAUNE BLEIBEN

UND WARUM DAS SO WICHTIG IST!

Hallo liebe Leserin, hallo lieber Leser,
schön, dass Sie in dieses Buch hineinsehen. Lassen Sie mich raten: Höchstwahrscheinlich gehören Sie wie ich zu den Tausenden alleinerziehender Frauen und Männer, die täglich den ganz normalen Wahnsinn stemmen und dabei auch noch versuchen, Ihre gute Laune zu behalten. Oder Ihre beste Freundin, Tochter, Enkelin, Nachbarin, Ihr Bruder, Neffe oder Großcousin hat soeben das Terrain der Alleinerziehenden betreten. Sie lachen? Ja, so unwahrscheinlich ist das gar nicht! Allein in Deutschland soll es drei Millionen Alleinerziehende geben, Tendenz steigend. Wer sich eine so große Zahl nicht vorstellen kann: Das ist ungefähr so viel wie alle Einwohner von Leipzig, Köln und München zusammen.

Trotz dieser großen Zahl an Schicksalsgenossen stehen wir aber mit manch verzwickter Frage immer mal wieder ziemlich alleine da. Schließlich ist bei vielen von uns die neue Lebenssituation eher unfreiwillig entstanden. Und plötzlich finden wir uns mit unseren Kindern in einer Lage wieder, die so gar nichts mehr mit unseren ursprünglichen Wünschen und Plänen zu tun hat. Wir müssen einen Teil unserer Lebensplanung neu schreiben – ob wir wollen oder nicht. Das ist gerade für die Jüngeren unter uns schwierig, die vielleicht sogar noch in Studium oder Ausbildung sind – oder ganz am Anfang ihrer Berufslaufbahn stehen. Na ja, zum Glück gibt es ja die vielen guten Ratschläge von selbst ernannten Experten aus dem Freundes- und Verwandtenkreis. Was täten wir nur ohne die wohlmeinenden Tipps von Tante Ute, die zwar seit 33 Jahren brav verheiratet ist und keinen blassen Schimmer vom Dasein der Alleinerziehenden hat, dafür aber zu wirklich jedem Thema einen schlauen Kommentar. Erst kürzlich empfahl sie mir vor dem Besuch eines Freundes: »Kind, denk dran, Männer mögen nur Selbstgekochtes!«

Ja, und in unserer kaum vorhandenen Freizeit können wir uns von unzähligen ernsten Fernsehreportagen, Internetblogs, Büchern und Zeitungsartikeln zum Thema die Laune verhageln lassen. Mal ehrlich: Möchten Sie jeden Tag darauf hingewiesen werden, wie Ihr Leben und das Ihrer Kinder im schlimmsten Fall verlaufen könnte? Am besten in allen Einzelheiten und mit erschreckenden Zahlen aus der Statistik gewürzt? Bei mir zu Hause dienen diese Bücher schon seit Langem dazu, den wackeligen Küchentisch zu stabilisieren. Da machen sie sich wenigstens nützlich.

Ich persönlich bleibe lieber in Gewinnerlaune. Und wenn sie mir zwischendurch abhandenkommt, suche ich Wege, um sie wiederherzustellen. Fragen Sie jetzt bitte nicht, was das denn sein soll, diese besondere Laune. Sie fragen doch? Also gut: Gewinnerlaune nenne ich meine Grundstimmung, wenn ich mir sicher bin, dass ich die Lage erfolgreich nach meinen Wünschen gestalte, selbst wenn sie gerade mal wieder aussichtslos scheint. Dabei macht es gar nichts, ab und zu mal auf der Nase zu landen oder eine Schlappe einzustecken. Im Gegenteil. Denn dann heißt es bei mir: »Jetzt erst recht!« Dabei ist es oft eine Hilfe, mal zu gucken, wie es denn die anderen machen. Denn wer ständig alles alleine entscheidet, wird manchmal regelrecht betriebsblind. Und genau deshalb stelle ich Ihnen in diesem Büchlein Erfahrungen aus meinem langjährigen »Überleben« als Alleinerziehende vor.

Noch verrückter geht es allerdings bei einigen meiner alleinerziehenden Freunde zu, die mir erlaubt haben, ein bisschen aus dem Nähkästchen zu plaudern. Sie werden sehen, meine Freundin Luzie, Mutter eines Zwillingspärchens, hat sich voll und ganz der Psychologie verschrieben. Ab und an trifft sie mit ihrem angelesenen Wissen sogar mal richtig ins Schwarze. Auch von Steffano, alleinerziehender Vater einer höchst eigenwilligen Teenagerin, habe ich mir schon so manchen guten Trick abgeguckt. Als ich ihn neulich besuchte, putzte er gerade in Rekordzeit sein ganzes Bad – mit dem billigsten Geschirrspülmittel aus dem Discounter. »Alter Trick aus dem Viersternehotel: entfernt Kalk, trocknet ohne Schlieren und hinterlässt faszinierenden Glanz«, grinste er stolz mit dem patschnassen Schwamm in der Hand. Mehr verrate ich auf den nächsten Seiten. Viel Spaß beim Lesen und immer eine Prise Humor im Gepäck wünscht Ihnen

Ihre Sarah Rauch

KAPITEL I

DIE WELT STEHT KOPF

ABER SIE NICHT!

WIE DIESES BUCH IHR LEBEN VERÄNDERN WIRD

Der Sprung in das Singleleben mit Kindern ist aufregend und neu. Und nicht selten verwirrend. Und anstrengend. Manchmal auch traurig. Oft überraschend. Ob Sie nun mit Ihrem Nachwuchs in eine neue Wohnung umziehen, eine andere Arbeit annehmen oder Ihr Haushaltsgeld neu einteilen, ob eines Ihrer Kinder gerade eine neue Entwicklungsphase beginnt, in der es viel mehr Ihrer Aufmerksamkeit bräuchte, oder, oder, oder … Gerade, wenn Sie sich das eine oder andere Mal von all dem Neuen in Ihrem Leben überwältigt fühlen: Dieses Buch zeigt Ihnen, dass Sie mit Ihren Fragen ganz und gar nicht alleine auf der Welt sind. Denn ob Sie es glauben oder nicht: Irgendwo forscht genau in diesem Moment jemand nach den gleichen Antworten wie Sie. Die unzähligen Beispiele, Erfahrungen und Hinweise auf diesen Seiten mögen es Ihnen zeigen. Und wer weiß – vielleicht finden Sie sogar eine Handvoll Anregungen dabei. Oder es gelingt Ihnen, über manche der scheinbar unüberwindbaren Alltagshürden ausnahmsweise einmal zu schmunzeln oder Ihrem unfreiwilligen Schicksal frech entgegenzulachen. Prägen Sie sich schon mal Ihr neues Motto ein: »Jetzt erst recht!« Wenn Sie mal nicht ganz so kraftvoll unterwegs sind, ist auch das Alternativmotto erlaubt: »Na gut, dann halte ich eben durch.« Das aber bitte nur in Ausnahmefällen. Warum? Weil einfach nur durchzuhalten kein schönes Lebensgefühl ist. Die innere Ansage »Jetzt erst recht« bringt Sie viel eher in die richtige Stimmung, und Sie geraten nicht in die unschöne Lage, sich als hilfloses, von aller Welt verlassenes, schmählich missverstandenes Opfer fühlen zu müssen, das höchstwahrscheinlich nie wieder auf die Füße kommt und – der schlimmste Kummer in diesem Moment – die Kinder auch noch mit in den Abgrund zieht!

WIE SIE IHREN STATUS »ALLEINERZIEHEND« GANZ FÜR SICH ALLEINE BESTIMMEN

Alleinerziehende haben es nicht leicht. Vor allem dann, wenn Sie mit den meist unvollständigen oder fehlerhaften Bildern in den Köpfen ihrer nicht alleinerziehenden Mitmenschen zu tun haben. Deshalb gleich zu Beginn dieses Buches ein dringender Rat: Bestimmen Sie bitte selbst, wer oder was Sie sind und nicht sind, wie Sie Ihr Leben und das Leben Ihrer Kinder ganz persönlich bewerten und an welcher Stelle der Wunschliste Ihres Lebens Sie sich gerade befinden. Ganz wichtig ist es, das gleich zu Beginn dieses neuen Lebensabschnitts zu tun, damit die zum Teil unglaublich unqualifizierten Bemerkungen von Nachbarn, Kollegen oder Verwandten Sie nicht immer wieder aus der Bahn werfen. Halten Sie dieses Buch erst in Händen, nachdem Sie schon tapfer die erste Zeit bewältigt haben, können Sie diese Überlegungen natürlich auch später anstellen. Zu spät ist es nie. Dazu ein paar grundsätzliche Erfahrungen und Überlegungen aus meinem langjährigen Erfahrungsschatz als Alleinerziehende. Fangen wir mit der Bezeichnung an. Nervt auch Sie schon der Begriff »alleinerziehend«? Dann geht es Ihnen ganz genauso wie mir. Denn natürlich wird kein einziges Kind, das in unserer Gesellschaft aufwächst, nur von einer Person allein erzogen. Bestimmt haben Sie auch schon einmal diesen Spruch gehört: »Es braucht ein ganzes Dorf, um ein Kind großzuziehen.« Ja, ja, werden Sie jetzt vielleicht nachdenklich sagen, diesen Eindruck hatten Sie auch schon ab und zu … Sie erinnern sich vage an die Stillzeit, in der Sie anfangs alle zwei Stunden als lebendige Milchbar antreten durften. Dann die Zeit, als die ersten Zähnchen kamen und mit ihnen stundenlanges Gebrüll. Zumindest wenn Sie keine lindernden Mittelchen oder eine gütige Großtante zur Seite hatten, die das Kind geduldig ein paar Stündchen im Kinderwagen durch den Park kutschiert. Später dann die Trotzphase, in der sich Ihr kleiner Schatz mitten auf der Straße bäuchlings hinwirft und brüllt, als hätten Sie ihn gerade windelweich geschlagen. Gefolgt von den ersten Wochen ohne Windel, als Ihr nun schon größerer Wonneproppen nur mit ellenlangen Vorlesestunden dazu bewegt werden konnte, den kostbaren Inhalt seines Verdauungstrakts der großen, bösen Toilette anzuvertrauen. Und so weiter und so weiter. Ja, Sie haben recht, das ist nur der Anfang. Übrigens: Ich lächle mild, während ich diese Worte schreibe. Bitte fassen Sie diese Feststellungen also keinesfalls als Androhung von Umständen auf, die Ihnen und Ihren Kindern möglicherweise noch bevorstehen.

Kommen wir zum zweiten Grund, warum ich die Bezeichnung »alleinerziehend« überhaupt nicht mag. Denn bei der körperlich-emotionalen Rundumversorgung eines Kindes geht es beileibe nicht die ganze Zeit nur um Erziehung. Im Gegenteil. Es gibt ganze Berge von Dingen, die ein Kind benötigt, ohne dass die Keule »Erziehung« dahinter steht. Fangen wir bei den Basics an. Ein Dach über dem Kopf, möglichst ein eigenes Bettchen und regelmäßige Mahlzeiten sind schon mal eine ganz gute Grundlage. Klingt komisch? Nicht unbedingt. Während sich der andere Elternteil gemütlich in ein günstiges Einzimmer-Apartment zurückziehen kann und bei Bedarf im Café um die Ecke eine warme Suppe bestellt, werden Sie das mit einem oder mehreren Kindern kaum als Alltagslösung einrichten. Und daran hängen für den vermeintlich »Alleinerziehenden« eine Vielzahl von Aufgaben, die nicht selten das Nervenkostüm eines ausgewachsenen Elefanten erfordern. Kommen dann noch unbedeutende Kleinigkeiten dazu wie fünf Tage plötzliche Krankheit bei einem der Kinder, natürlich mit gründlicher Ansteckung der Geschwister, Arbeitsausfall, eine ebenfalls erkrankte Tagesmutter und ein ohnehin schon gestresster

Elternteil … Dann wird es höchste Zeit, sich mit der freundlichen Elefantenherde im Zoo anzufreunden. Aber bitte im Zoo kein Eis spendieren, das ist nämlich nicht im Budget. Keine Sorge, Sie wissen es ja selbst, ich beschreibe hier nur eines von vielen möglichen Szenarien – es läuft NICHT IMMER so ab.

WIE SIE ERKENNEN,
WAS IHRE UMWELT ÜBER SIE DENKT

Eines schönen Tages im Baumarkt, ich wollte meine Wohnung auf Vordermann bringen und für Aarons Kinderzimmer neue Wandfarbe kaufen. Außerdem fehlte uns noch das eine oder andere Werkzeug für Aarons kleine Werkbank. Während ich vor dem Regal mit den Handwerkzeugen stand, kam ein aufmerksamer Baumarktmitarbeiter Marke »freundlicher älterer Herr« auf mich zu. »Na junge Frau, was soll es denn sein, hat der werte Gatte bei seinem Einkauf was vergessen?«, fragte er fröhlich. »Nein, ich suche selbst etwas, ein kleiner Handbohrer, mit dem ich durch Stein und Holz komme«, war meine Antwort. »Och, das müssen Sie doch sicher nicht selbst tun. Wollen Sie denn nicht lieber noch mal mit Ihrem Mann vorbeikommen? Nachher bekommen Sie noch Ärger, weil Sie das Falsche gekauft haben, und das möchten wir doch nicht«, schlug Mr. Schlaumeier mit nachsichtigem Augenzwinkern vor. Vor meinem inneren Auge blitzte sekundenschnell das Bild eines zwei Meter großen Hünen auf, ausgestattet mit einem Holzfällerkreuz der Extraklasse, der mich wutschnaubend über den Kauf des falschen Werkzeugs in den Baumarkt zerrte. Ihm gegenüber stand der zitternde kleine Mr. Superschlau im abgewetzten blauen Arbeitskittel und suchte mit den Augen verzweifelt eine Fluchtmöglichkeit. Beinahe hätte ich bei dieser Vorstellung angefangen zu lachen, konnte mich aber gerade noch beherrschen. »Mama, was will der Mann?«, fragte mich fast gleichzeitig Aaron, der damals gerade sechs Jahre alt war und neugierig in einem großen Fach voller Holzschrauben kramte. »Dieser freundliche Mann hier …«, begann ich, antwortete dann aber doch zuerst dem Mann selbst. »Ich bin Single und suche mir mein Werkzeug selbst aus, also keine Gefahr«, sagte ich. »Ach herrje, das hätt ich mir ja denken können. Sie sahen mir schon so aus, so, na ja, nehmen Sie's mir nicht übel«, er schob seine verschmierte Brille auf der Nase zurecht und suchte nach Worten. »Das arme Kind!«, kommentierte er dann mit gespieltem Bedauern Richtung Aaron. Ich sah auf die Uhr. »Vielen Dank«, nickte ich ihm zu und zog meinen erstaunten Sohn an der Hand zum Ende des Regals. »Komm, wir suchen jetzt eine schöne Farbe für dein Zimmer aus!«

Solche und ähnliche Erlebnisse kommen immer wieder mal vor, auch meine Freunde und Bekannten, die mit ihren Kindern alleine leben, machen diese Erfahrung. Am schlimmsten sind dabei jene Zeitgenossen, die davon ausgehen, dass man an seiner Lage ausschließlich selbst schuld ist. Frei nach dem Motto »Na, Ihr Mann wird schon wissen, warum er Sie in die Wüste geschickt hat. Ich kann mir schon denken, was Sie für eine sind …«. Schön sind auch Verallgemeinerungen à la »Die Frauen von heute« wie »Ja, ja, die Frauen von heute wissen eben einfach nicht mehr, was sich gehört! Früher, da war es doch ganz normal, dass ein Weib seinem Ehemann gehorcht. Aber heute müssen sie ja EINE AUSBILDUNG MACHEN, SICH SELBST ERFINDEN und der ganze Quatsch. Ich tät so einer schon Manieren beibringen!« Auch meine Tante Ute gehört zur Fraktion derer, die insgeheim davon überzeugt sind, dass die Trennung von meinem Ex ganz alleine meine Schuld war. »Kind, manchmal muss man eben auch mal ins Kissen schreien oder eine Faust in der Tasche machen. Man kriegt eben im Leben nichts geschenkt!«, offenbarte sie mir eines schönen Tages in einer unerwartet freimütigen Stimmung. Ich nahm an, dass sie aus Erfahrung sprach. Also versuchte ich mir vorzustellen, wie Tante Ute zu Hause bäuchlings auf ihrem rosa-hellgrün-violett bestickten Bettüberwurf lag und verzweifelt über ihren dramatischen Ehestreit mit dem extrem gutmütigen Onkel Rudolf in ein großes Daunenkissen biss. Kein schönes Bild, oder? Aber wenn's geholfen hat …

In den meisten Fällen ist es auch heute noch die Mutter, die sich hauptsächlich um den Nachwuchs kümmert, selbst wenn sie zusätzlich einer bezahlten Beschäftigung nachgeht. Ein Kollege von Mia hat es einmal gewagt, davon zu sprechen, dass es ja Mütter gebe, die trotz ihrer bunten Kinderschar *sogar arbeiten* gehen. Mia hat ihn damals gefragt, ob er wohl glaube, dass ein Mutterdasein für die lieben Kleinen zu Hause nicht mit Arbeit verbunden sei. Nein, nachts dreimal aufstehen, x-mal pro Tag die Windeln wechseln, Berge von Wäsche waschen, bügeln, zusammenlegen, putzen, einkaufen, kochen, Kinder bringen und abholen, kranke Kinder pflegen, gesunde Kinder bei den Schularbeiten unterstützen, mithelfen in Kindergarten und Schule – all das, liebe Leserinnen und Leser, ist natürlich KEINE Arbeit, denn man verdient ja kein Geld damit. Im Gegenteil, es kostet sogar, und zwar nicht zu knapp. Besagter Kollege war natürlich fürchterlich betroffen und beteuerte, nein, so habe er das doch gar nicht gemeint. Aber achten Sie mal darauf, wie im Alltag so geredet wird. Arbeit muss Geld einbringen, sonst wird sie schwerlich als solche anerkannt.

Bei alleinerziehenden Männern wird gerne angenommen, dass die böse Ex natürlich ihn und die Kinder schmählich im Stich gelassen hat. Oder, dass sie Witwer sind – da ist das Schicksal schuld und nicht der arme, arme Mann, der ja mit der Kindererziehung und dem ganzen Haushalt höchstwahrscheinlich total überfordert ist! Hier gehen dann auch gerne mal Vorschläge für eine potenzielle neue Haushälterin, Pardon, ich meine natürlich Partnerin, ein, wie Steffano mir einmal anvertraute. »Stell dir vor, meine Großtante meinte kürzlich zu mir, ich soll mich doch mal bei meiner Cousine

Elke melden. Sie sei ein herzensguter Mensch und doch noch ledig. Und ihrem Beruf als Schneiderin könnte sie doch auch nachgehen, während sie meinen Haushalt in Schuss hält und Lisa endlich mal Manieren beibringt!« Wissen Sie, was Steffano daraufhin als Erstes tat? Er speicherte die Telefonnummer von Cousine Elke in seinem Telefon, damit er auf gar, gar, gar (!) keinen Fall abheben würde, falls diese es – angestiftet von der lieben Großtante – wagen sollte, bei ihm anzurufen. Tagelang schwankte er zwischen der Frage, ob er sich über diesen Vorschlag ärgern oder einfach nur darüber lachen sollte. Letztlich entschied er sich für beides, ganz nach Stimmung, und eines schönen Tages hatte er die Geschichte zum Glück wieder vergessen.

Wenn mir einmal mehr ein solches Erlebnis beschert wird, bleibe ich inzwischen ganz entspannt. Führt man sich vor Augen, dass in Deutschland immer noch jede dritte Ehe vor dem Scheidungsanwalt landet, werden Mr. Schlaumeier, die Großtante und alle anderen, die sich dazu berufen fühlen, uns Alleinerziehende zu »beraten«, noch alle Hände voll zu tun haben. Da wird es ein Leichtes sein, Ihnen ab und zu auch mal durchs Raster zu gehen.

4

WIE SCHWER ES IST, WENN DER EIGENE PARTNER MAUERT

Die meisten Menschen denken beim Wörtchen »alleinerziehend« an zerstrittene Elternpaare, die sich getrennt haben und jetzt an verschiedenen Orten leben. Oder an Familien, in denen ein Elternteil verstorben ist und der andere sich alleine mit den Kindern durchs Leben schlägt. Nun ja, genau das ist alleinerziehend offiziell ja auch, aber was ist mit all den Müttern und Vätern, deren Partner oder Partnerinnen bei der Erziehung einfach nicht helfen? Oft ist es auch in einer Partnerschaft so, dass die ganze Erziehung, und alles was dazugehört, letzten Endes an einer Person kleben bleibt. Das ist zum Beispiel der Fall, wenn einer der beiden nur noch auf seine Arbeit fokussiert ist und den Rest der Familie bewusst oder unbewusst vernachlässigt. Darunter muss der andere Partner und nicht selten auch der gemeinsame Nachwuchs oft empfindlich leiden. Sie sehen, es gibt auch in Beziehungen, ja sogar in Ehen mehr oder weniger Alleinerziehende. Eine dieser Personen ist zum Beispiel die 36-jährige Henriette, die das Schicksal mit gleich drei Kindern bedacht hat. Henriette ist nicht nur eine alleinerziehende Frau trotz Mann, sondern auch eine gute Freundin von Steffano. Die beiden lernten sich kennen, als Henriettes Ehemann einmal einen großen Auftrag für eine Comic-Werbewand an Steffano gab, und waren sich sofort sympathisch. Obwohl sie in einer Ehe mit äußerst klassischer Rollenverteilung lebt (Mann verdient das Geld, Frau kümmert sich um Heim und Kinder), ist Henriette durchaus für Kuriositäten zu haben. Zwar bestand ihr Mann darauf, für die ersten beiden Kinder – beides Söhne – die Namen auszusuchen. Doch bei der Tochter, dem Nesthäkchen der Familie, bestand sie auf der Namensgebung und entschied sich, sehr zur Begeisterung ihres Mannes, für die klangvolle Kombination Lola-Cheyenne. »Ein schöner Kontrast zu den Brüdern Charles und Nicholas«, pflegt sie zu erläutern, wenn einmal die Sprache darauf kommt. Henriettes Mann hat für diese Art von Freigeist nicht viel Sinn. Er ist ständig auf Geschäftsreise und kümmert sich, wenn überhaupt, nur sehr kaltherzig um Henriette und die Kinder. Das Ganze geht schon jahrelang so. Wenn Henriette nicht ein sehr gutes Auskommen und gut situiertes Zuhause hätte, immer noch verbunden mit der Hoffnung, dass sich eines Tages alles ändert, hätte sie ihren Mann vermutlich schon längst verlassen. Und wer weiß, vielleicht wäre sie sogar ein Verhältnis mit Steffano eingegangen, auf den sie insgeheim schon mehr als einmal ein interessiertes Auge warf.

WIE SIE MIT DER RICHTIGEN HALTUNG (MEISTENS) GANZ GELASSEN BLEIBEN

»Es ist, wie es ist«: So lautet der Wahlspruch meiner Freundin Walli. »Was habe ich von all dem ›hätte, wäre, könnte, sollte‹«, schimpft sie manchmal. »Schließlich leben meine Kinder und ich im Hier und Jetzt!« Wer Walli kennt, weiß, dass sie sich im Alltag wirklich an diese Maxime hält. Die Älteste hat mal wieder den Bus verpasst, ist zum tausendsten Mal zu spät zur Schule gekommen und muss nun zur Strafe bis in den Abend hinein Trilliarden von extra gemeinen Matheaufgaben lösen? Okay, akzeptiert. Denn Jammern und das eigene Schicksal zu beklagen wäre von nun an nur noch Zeitverschwendung. Auch dem Kind Vorwürfe zu machen bringt in diesem Moment nicht das Geringste. Denn erstens verdirbt es die eigene Laune, und zweitens raubt es dem Töchterlein Kraft und Motivation – also nichts mit Meckern! Walli verwandelt den Küchentisch in eine Keks- und Fruchtsaftoase und redet dem armen Mädel so lange gut zu, bis es seinen Groll überwunden hat und loslegt. Sagen Sie jetzt bitte nicht, um Gottes willen, Kekse und Fruchtsaft, das arme Kind übersäuert ja total, so ernährt man doch seinen Nachwuchs nicht! Glauben Sie mir: Es gibt Momente im Leben, da sind solche Tiefsinnigkeiten schlicht und ergreifend egal. Sie können ja am nächsten Tag alles wieder mit einem basisch veganen Mittagessen ausgleichen. Luzies Schnellgericht für solche Fälle besteht zum Beispiel aus Pellkartoffeln mit Avocadocreme und Salat. Aber das wollen wir jetzt hier nicht vertiefen, mehr dazu erfahren Sie im Kapitel »Gesund und munter«.

Der Unterhalt wurde nicht überwiesen, der Kühlschrank ist leer, und die Miete ist auch noch nicht bezahlt? Alles schon da gewesen und nichts Neues. Gut, ich gebe es zu, das ist schon eine besonders verfahrene Situation. Hier liegen selbst bei Walli mal die Nerven blank, und sie sucht in schlaflosen Nächten nach der besten Lösung. Spätestens dann ist nichts mehr mit Keksen und milden Worten – und auch die Kinder bekommen (total überrascht) eine härtere Gangart zu spüren. Aber die meiste Zeit über bleibt Walli locker und schiebt ihre Ideen und Möglichkeiten so lange hin und her, bis sie eine praktikable Lösung gefunden hat. Sie hat sich mit der Zeit ein tolles Netzwerk aufgebaut und weiß, welche Freunde oder Verwandte sie notfalls um Rat und Hilfe bitten kann. Und wenn alle Stricke reißen, ergibt sie sich einfach ihrem Schicksal. »Unnötige Aufregung bringt Stress. Und Stress macht graue Haare, Falten oder fett, im schlimmsten Fall sogar alles auf einmal«, erklärt sie gerne – und streicht dabei zufrieden über ihre (voll)schlanke Taille.

6

WIE MAN DEN KINDERN KLARMACHT, WARUM PAPA PLÖTZLICH BEI EVA WOHNT

Alles könnte so simpel sein, wenn die Welt genauso gestrickt wäre, wie Tante Ute die Dinge sieht. »Kind, jetzt mach doch keine Staatsaffäre draus. Such dir eben einfach 'nen neuen Mann. Und diesmal vielleicht mal einen mit Grips und Manieren.« Ich gebe es zu, als diese oder ähnliche Worte zum ersten Mal fielen, habe ich doch mal ganz kurz nach Luft geschnappt. Wer den Schaden hat, braucht für den Spott nicht zu sorgen …, dachte ich mir im Stillen. Wie kam sie nur darauf, dass ein neuer Mann ins Haus sollte – und vor allem, wie stellte sie sich das vor? Immerhin war sie zu diesem Zeitpunkt schon fast drei Jahrzehnte verheiratet und hatte garantiert noch nie in ihrem Leben auch nur den kleinsten Flirt zustande gebracht. Ich hingegen war in den ersten Wochen nach der Trennung mit ganz anderen lebenswichtigen Fragen beschäftigt und weit davon entfernt, an irgendwelche unglaublich charmanten, hinreißend intelligenten Männer zu denken, die auf mich und mein Kind mit Sicherheit gerade noch gewartet hatten. Was mich umtrieb waren vielmehr chronischer Schlafmangel, Geldsorgen, Auseinandersetzungen mit meinem Ex, eine tiefe Traurigkeit über die Erlebnisse, die zu unserer Trennung geführt hatten … und der hohe Anspruch an mich selbst, mein Kind so wenig wie möglich von all dem spüren zu lassen. Doch was sagt man, wenn Papa plötzlich nicht mehr zum Vorlesen da ist und morgens nicht auf dem vertrauten Platz in der Küche sitzt? »Papa ist mal eben beim Joggen und Brötchenholen«, reicht nun leider nicht mehr aus. In Familien, bei denen er beruflich viel verreist war, fällt seine Abwesenheit zunächst kaum auf. Spätestens nach zehn Tagen kommen aber die ersten Fragen. Für kleine Kinder reichen jetzt ganz einfache Antworten. »Papa hat ganz viel Arbeit. Es dauert noch ein paar Tage. Aber er freut sich schon, bald wieder mit dir zu spielen«, ist so eine Ansage. Der Text ist vertraut aus Zeiten, in denen Papa wirklich einfach nur unterwegs war – und genau deshalb kein Grund für ein Kleinkind, beunruhigt zu sein.

Je nachdem, wie sich die persönliche Verständigung der Expartner nach der Trennung gestaltet, können auch kleinere Kinder schon ein paar Minuten mit dem Papa telefonieren. Das hat beispielsweise bei meinem Sohn Aaron und seinem Vater schon wenige Wochen nach der Trennung sehr gut funktioniert. Natürlich empfiehlt es sich, vor diesen Gesprächen zunächst die Stimmungslage beim Gegenüber zu prüfen. Fühlt er (oder sie) sich gerade in der Lage, ein entspanntes Telefonat mit dem Kind zu führen? Sonst das Gespräch bitte im Interesse des Kindes lieber vertagen … Wenn Sie bemerken, dass Ihr Expartner zu angespannt, vielleicht sehr traurig, depressiv oder tendenziell aggressiv ist, vermeiden Sie es selbstverständlich, den Telefonhörer an eines der Kinder weiterzureichen. Und gerade bei den Kleinsten ist es wichtig, bei diesen ersten kindlichen Telefonaten dabei zu sein, um einzugreifen, falls es zu kompliziert wird.

Einige Wochen später ist dann manchmal schon eine Einigung möglich, um welche Zeit Papa die Kinder für eine gemeinsame Stunde auf dem Spielplatz abholt oder die Kinder in seine neue Wohnung dürfen. Je kleiner Ihr gemeinsamer Nachwuchs ist, desto sorgfältiger sollten Sie diese Situationen kontrollieren. Sehen Sie dabei auf sich selbst: Wie fühlen Sie sich mit der Situation? Haben Sie den Eindruck, dass alles in Ordnung ist? Wissen Sie, wie es in der neuen Bleibe Ihres oder Ihrer Ex aussieht, ob dort noch andere Menschen sind? Sie haben die Entscheidungshoheit und beschützen Ihre Kinder – denn selbst können die Kleinen das noch nicht tun. Wenn Sie aus irgendeinem Grund ein schlechtes Gefühl haben, brechen Sie das Ganze ab – irgendeine Begründung fällt Ihnen immer ein, und wenn es der vergessene Termin beim Kinderarzt ist. Und Sie müssen sich gegenüber Ihrem Expartner nicht einmal schuldig fühlen – schließlich geht es um das Wohlergehen Ihrer gemeinsamen Kinder. Hier können Sie natürlich einwenden: warum den oder die Ex nicht mit der Wahrheit konfrontieren und glasklar sagen, was einem nicht passt oder dass man ein schlechtes Gefühl bei der Sache hat? Klar, das wäre auch eine Möglichkeit. Aber denken Sie bei der Wahl Ihrer Mittel bitte daran, dass Sie in Ihrer Ex-Beziehung wieder Vertrauen herstellen müssen und dem anderen seinen Raum lassen sollten. Es wird eine ganze Weile dauern, bis Sie beide aus dem Unbehagen der Trennung wieder herauswachsen können. Und das bedeutet, Sie müssen mit Ihrem Verhalten von heute den Weg für Ihren zukünftigen Umgang rund um die Kinder gestalten. Vielleicht bekommen Sie es hin, dass das auch mit regelmäßigen Vorwürfen und kritischen Anmerkungen dem anderen gegenüber gelingt. Bei mir war das nicht der Fall. Bei uns reichte schon der kleinste Fingerzeig, um den anderen erneut explodieren zu lassen. Also entschied ich mich für die Samthandschuhe, wann immer es ging, und bin damit über die Jahre nicht schlecht gefahren.

Ist Papa unwiderruflich ausgezogen, wäre gegenüber den Kleinen eine Ansage möglich wie: »Papa wohnt jetzt woanders, aber er hat dich trotzdem genauso lieb wie immer.« Das können die Eltern ihrem Nachwuchs eventuell auch gemeinsam erklären. Dies aber bitte nur, wenn ein friedlicher Ablauf zu erwarten ist und die Kinder nicht unfreiwillig an einer erneuten Auseinandersetzung zwischen Mama und Papa teilnehmen müssen. Mia hat es gewagt, ihrem kleinen Sohn Paul die neue Situation gemeinsam mit dessen Vater zu erklären. Und sie hat sich als Sicherheit eine Freundin mit deren Kindern an den Kaffeetisch geholt. Das hat die Situation für alle leichter gemacht und den Großen dabei geholfen, wenigstens für die eine Stunde des geplanten Miteinanders ruhig und fair zu bleiben. Aarons Papa hatte kurz nach der Trennung auch die liebe Idee, seinem Sohn ab und zu ein kleines Geschenk zu schicken. So kam eines Tages, als ich mit dem Kleinen vor dem Dauerehestreit zur Familie meines Bruders geflohen war, ein kleines Päckchen für Aaron an. Darin ein Bilderbuch und ein kleines Holzauto vom Papa für seinen Sohn. So klein Aaron mit seinen zwei Jahren auch war, ich denke, es war wichtig und gut, dass es solche Erlebnisse für ihn gab. Kleine Gesten, aber für Kinder, die eine solche Umbruchsituation erleben, auf jeden Fall eine Hilfe. Und wenn Sie es fertigbringen, erinnern Sie Ihr Kind beim gemeinsamen Spielen doch einfach daran, dass dies das schöne Auto oder Bildbuch vom Papa (oder der Mama) ist. So durfte Aaron beispielsweise einmal einen bunten Frühstücksteller aus Papas Wohnung mit in sein Zuhause bei Mama bringen. Dieser Teller heißt bei uns seit Jahr und Tag »der Papateller« und kommt gerne zum Sonntagsbrunch auf den Tisch. Wenn Sie es ertragen, können Sie auch ein Foto vom abwesenden Elternteil im Kinderzimmer aufstellen, auf dem Ihre Kinder zusammen mit dem Papa oder der Mama zu sehen sind. Im Zweifelsfall probieren Sie es einfach mal aus. Führt ein solches Bild jedoch dazu, dass Sie plötzlich jedes Mal beim Betreten des Kinderzimmers an schweren Schweißausbrüchen leiden oder nur mühsam Ihre Tränen, einen aufkommenden Wutanfall oder andere eindeutige Zeichen des Unbehagens unterdrücken können, verzichten Sie bitte auf das Foto. Denn dann spüren auch die Kinder, dass etwas nicht stimmt, Sie würden niemandem einen Gefallen damit tun.

So viel an dieser Stelle zu den wirklich wichtigen Themen rund um eine Trennung. Wie Sie sehen, greifen Tante Ute und Co. mit ihren Kommentaren manchmal doch sehr, sehr weit voraus und benehmen sich nicht selten wie der sprichwörtliche Elefant im Porzellanladen. Versuchen Sie trotzdem, ein solches Auftreten nicht persönlich zu nehmen. Viele aus Ihrer Verwandtschaft haben eben einfach keine Vorstellung davon, was bei Ihnen gerade tatsächlich abläuft. Und vielleicht ist das sogar besser so. Denn dann können Sie unbehelligt von weiteren extraklugen Ratschlägen die ersten Schritte in Ihren neuen Lebensabschnitt tun.

Größere Kinder kennen Trennung, Scheidung und Co. oft schon aus den Erzählungen von Klassenkameraden. Das macht den großen Einschnitt im Leben für sie nicht ungeschehen. Aber wenigstens erleben sie, dass es anderen ähnlich geht und sie mit ihrer Situation nicht alleine dastehen. So war zum Beispiel Lisa, die 15-jährige Tochter von Steffano, schon bestens durch ihre Freunde vorbereitet, als sich ihre Eltern trennten. Sie war es sogar, die das zankende Elternpaar an einem weniger schönen Abend fragte: »Sagt mal, was macht ihr eigentlich noch zusammen, außer euch gegenseitig Vorwürfe an den Kopf zu knallen?« Als die Eltern ihr dann wenige Wochen später mitteilten, dass sie getrennte Wege gehen, war sie zwar traurig, aber nicht wirklich verwundert. Sie entschied sich, bei ihrem Vater zu wohnen, und er sprach in der ersten Zeit nach der Trennung viel mit ihr über die neue Situation. Dabei erfuhr er von seiner Tochter, dass es in den Familien vieler Klassenkameraden keineswegs besser zugeht. Das half ihm, auch die eigene Lage weniger dramatisch zu sehen. Denn jetzt wusste er, dass er auch als alleinerziehender Vater ganz und gar nicht ohne Schicksalsgenossen dastand, wenn auch die Mehrzahl der Alleinerziehenden in Deutschland aus Frauen besteht.

WIE WICHTIG ENGE BEZUGSPERSONEN SIND

Die Tatsache, dass Steffano von seiner Frau verlassen wurde und diese kurzerhand nach Amerika auswanderte, nahm Steffano sehr mit. In der ersten Zeit verarbeitete er seinen Trennungsschmerz in seinen Bildern, was ihm sichtlich guttat. Er war praktisch sein eigener Kunsttherapeut. Ich fragte mich damals, was wohl Fremde über Steffanos Bilder denken würden, die nicht wissen konnten, in welcher Situation er steckte. Diese hätten vermutlich einen etwas merkwürdigen Eindruck von den geradezu depressiven Malereien gehabt, vor allem, weil er doch sonst durch seine humorvollen und fantasiereichen Comic-Zeichnungen bekannt ist. Noch viel betroffener war und ist allerdings seine Tochter Lisa, die sonst so vieles eher auf die leichte Schulter nimmt. Jedes Mal, wenn ihre Mutter eine Postkarte aus den Staaten schickt, weint sie fürchterlich. Auch wenn sie es natürlich niemals zugeben würde, fällt es ihr sichtlich schwer, ohne eine Mutter aufzuwachsen, die für sie da ist. Am traurigsten und wütendsten macht sie die Tatsache, dass ihre Mutter in den Briefen immer so tut, als sei alles ganz normal und in bester Ordnung. Und das, obwohl sie sich seit der Trennung von Steffano und ihrer Tochter nie wieder außerhalb der USA hat blicken lassen. Glücklicherweise hat Lisa in Steffanos guter Freundin Henriette eine sehr liebe, mütterliche Freundin gefunden. Lisa hat Henriette schon sehr ins Herz geschlossen, denn sie ist manchmal wie eine Mutter für sie da. Die beiden unterhalten sich über alles Mögliche, von Schmuck über Ernährung bis hin zu Musik und das aktuelle Fernsehprogramm. Henriette ist ein großes Vorbild für Lisa, denn sie kleidet sich lässig-elegant und ganz nach Lisas Geschmack. Steffano ist sehr erleichtert darüber. Er ist sich sicher, dass Henriette Lisa guttut, und jeder, der das bestreitet, hat vermutlich keine Ahnung von den beiden. Leider kann Henriette Steffano und Lisa nur sehr selten besuchen, da sie ja selbst drei Kinder versorgen muss. Wenn sie dann aber alle paar Wochen kommt, ist dies immer ein ganz besonderes Ereignis, für das Lisa sogar ihren besten Freundinnen absagt (und das will bei ihr wirklich etwas heißen!). Der Besuch läuft meistens so ab, dass Steffano, Lisa und Henriette zusammen etwas essen gehen, Steffano dann nach Hause fährt und Henriette und Lisa zusammen zum Shoppen in die Stadt fahren. Am späten Abend setzt Henriette Lisa dann wieder zu Hause bei Steffano ab. Auch das ist für Lisa wirklich toll, denn ein weiterer Grund für Lisas Bewunderung gegenüber Henriette ist das schicke schwarze Auto, das ihre mütterliche Freundin fährt. Lisa wünscht sich von ihr immer den Umweg über einen kleinen Nachbarort, um noch länger im luxuriösen Auto sitzen und sich mit Henriette unterhalten zu können.

8

WIE SIE IHRE LAGE (FAST) OHNE LIKÖR BEWÄLTIGEN

»Wer Sorgen hat, hat auch Likör«: Diese schöne alte Redewendung stammt ausnahmsweise nicht von meiner Tante Ute. Und sie ist (vielleicht gerade deshalb) gar nicht so falsch. Wer beschäftigt sich schon gerne mit unangenehmen Gedanken und Gefühlen? Viel schöner wäre es doch, jetzt erst mal zu chillen und alles Schwierige im Likör oder anderem Gebräu zu ertränken. Oder einen Berg Schokolade zu verputzen und sich von TV Soaps, ergreifenden Reportagen über echte Katastrophen und grottenschlecht recherchierten Ratgebersendungen überrollen zu lassen. Tun Sie es nicht! Na gut, ich korrigiere mich: Tun Sie es nicht so oft. Oder jedenfalls nicht dauernd. Sie wissen schon ... Wenn Sie zu müde sind, um sich mit Freunden zu treffen, unternehmen Sie etwas, was Ihnen ganz besonders guttut. Bei einem schönen Glas Sekt können Sie vielleicht entspannen, es wird Sie aber bestimmt nicht mit zusätzlicher Energie versorgen. Werden es zwei oder drei Gläschen, dürfte der Tag danach etwas schwerfällig ablaufen. Das ist zwar ab und zu mal erlaubt, auf die Dauer aber nicht das Programm, das Ihnen Schwung gibt. Meine Freundin Luzie schwört an Abenden der totalen Erschöpfung auf ein warmes Bad bei Kerzenschein – natürlich mit beruhigendem Aromaöl veredelt. Den zur Stimmung des Abends passenden Duft wählt sie aus ihrer beeindruckenden Sammlung an ätherischen Bio-Ölen aus. Dazu lockt am Beckenrand eine Tasse warmer Kräutertee, beschallt von sphärischen Klängen aus den Smartphone-Boxen. Danach ab in den Lieblingsbademantel und noch einen warmen Kakao. Luzie nimmt als Veganerin dafür natürlich nur Mandelmilch. Und wenn die Zwillinge trotz Schlafenszeit keine Ruhe geben, bekommen die beiden auch gleich ein Tässchen:

»Warmer Kakao macht glücklich und schläfrig«, behauptet Luzie. Ich habe es noch nie überprüft, aber es könnte etwas dran sein. Sie ist nach solchen Abenden am nächsten Morgen besonders munter und unternehmungslustig.

9

WIE LUZIE NÜTZLICHE TIPPS
MIT EINEM VEGANEN EISBECHER VERBINDET

Meine liebe Tante Ute legt bei ihren Ratschlägen nicht gerade Wert auf Qualität, dafür aber auf Quantität. Hauptsache, sie kann zu jedem noch so kleinen Thema rund um Haushalt und Erziehung einen schlauen Kommentar abgeben, der sie als allwissende Mutter der Nation dastehen lässt – auch und gerade, weil sie selbst eben nie Mutter war. Bei Luzie ist es genau umgekehrt. Sie verteilt ihre Erkenntnisse nicht gerade mit der Gießkanne, sondern wohldosiert – man könnte auch sagen, äußerst sparsam. Man muss zur richtigen Zeit am richtigen Ort sein, um einen ihrer wertvollen Tipps zu erhalten. Und dieser richtige Ort ist meistens die uralte Eisdiele »Gelato XXL«, jeden Dienstag um 15:00 Uhr. Dann verspeist sie dort ihr heiß geliebtes »vegan ice«, serviert vom charmanten Inhaber Bruno, der zwar schon etwas in die Jahre gekommen ist, aber immer noch schöne Komplimente an seine weiblichen Gäste verteilt: Da schmeckt das Eis gleich doppelt so gut, zumal Bruno mit seinen grauen Schläfen wirklich cool daherkommt. Übrigens gibt es das vegan ice inzwischen in 21 Geschmackssorten, leider kostet es pro Kugel aber auch 1,49 Euro. Doch Lucie tankt in Brunos kleinem Salon so auf, dass sie hier investiert wie in eine kleine Kur. In dieser spirituellen Stimmung findet man sie sonst an keinem anderen Ort. Alle wirklich wertvollen Tipps von ihr habe ich dort erhalten, zusammen mit einem Eisbecher, der die Aufschrift: »Stop eating animals« trägt.

Diese und ähnliche Erlebnisse haben mich im Lauf der Zeit zu der Erkenntnis gebracht, dass es nicht nur wichtig ist, regelmäßig etwas Gutes für sich zu tun, sondern dass es auch genau diese Momente sind, die eine entspannte Sicht auf die Dinge erlauben. Und das ist aus meiner Erfahrung unglaublich wichtig, um auch über längere Zeiträume zu einer tragfähigen inneren Haltung rund um das Leben allein mit Kindern zu kommen. Nach einem dieser schönen gemeinsamen Nachmittage grübelte ich, was eigentlich ich mir regelmäßig Gutes tue. Veganes Eis ist zwar gut und schön, hebt mich aber weder in andere Sphären, noch lässt es mich Sorgen vergessen, schade. Vielleicht sollte ich es machen wie Mia? Sie geht einmal die Woche alleine schwimmen und zieht dann für 45 Minuten ungestört ihre Bahnen. Um das zu schaffen, hat sie sogar schon ab und zu einen Babysitter engagiert, der in der Zwischenzeit mit Paul auf dem Spielplatz spielte. Das waren dann insgesamt richtig teure Runden im Schwimmbad, aber Mia meinte dazu nur: »Richtig teuer wird's, wenn ich eines Tages zusammenbreche, weil mir das Auftanken fehlt. Glaub mir, DAS will keiner bezahlen!« Ich muss sagen, manchmal sind ihre Argumente einfach unschlagbar gut.

10

WIE SIE ENDLICH EINSEHEN, DASS TANTE UTE ES NUR GUT MEINT

Tief durchatmen muss ich hingegen bei den zahlreichen und unverlangten Tipps von Tante Ute, der Schwester meines lieben Vaters. In jedem Leben gibt es eine Tante Ute – oder jemanden, der die Rolle der Tante Ute perfekt verkörpert. Meine Tante Ute hat als ewiges Mauerblümchen erst spät geheiratet, ist aber inzwischen immerhin schon seit 33 Jahren treue Ehefrau meines lieben Onkels Bernhard, der wirklich keiner Fliege jemals etwas zuleide tun würde. Nicht so Tante Ute: Als ehemalige Leiterin einer Hauswirtschaftsschule weiß sie praktisch alles und noch viel mehr über Kochen, Waschen, Bügeln, Gästebewirtung und sogar über die Einweisung von Dienern und Hausmädchen. Dieses Wissen gibt sie bei jeder passenden und unpassenden Gelegenheit bereitwillig weiter und spart dabei mitunter nicht an Kritik. Schließlich weiß sie es eben besser, und warum sollte man dann die Fehler bei all den anderen, unwissenden Zeitgenossen nicht korrigieren? Dank ihrer hervorragenden Kochkünste trägt sie Konfektionsgröße 54 und hat einen Busen, an den Onkel Bernhard sich gerne mal anlehnt. Allerdings bevorzugt sie Feinripp-Unterwäsche, gehäkelte Hütchen mit aufgenähten Filzapplikationen im Herbst und im Winter lange Unterhosen aus reiner Schurwolle – von Erotik keine Spur. »Flirt« würde sie vermutlich für den Namen eines besonders modernen Weichspülers halten.

Leider (und wenn Sie mich fragen »Gott sei Dank!«) hat Tante Ute selber nie Kinder gehabt. Das allein muss noch nicht viel heißen, schließlich gibt es auch Menschen, die selbst nie Vater oder Mutter waren, jedoch trotzdem ein riesengroßes Herz für Kinder haben und fantastisch mit ihnen umgehen können. Tante Ute gehört, wie Sie sich sicherlich schon denken können, leider nicht zu dieser Spezies. Deshalb sind ihre Ansichten über eine gute Kindererziehung oft fragwürdig, und ich würde ihr selbstverständlich niemals meinen Sohn zur alleinigen Betreuung überlassen. Ihr gesamtes Weltbild basiert auf der klassischen familiären Rollenverteilung »Frau am Herd« und »Mann so lange im Büro wie möglich«. Das hat bei ihr auch immer gut geklappt, bis ihr Ehemann eines Tages auf die abstruse Idee kam, einige Wochen Urlaub zu nehmen.

In dieser Zeit merkten die beiden, um es ganz diplomatisch zu sagen, dass ihre Vorstellungen von Ehe sich nicht wirklich gleichen. Das Ganze war schon vor 25 Jahren, und trotzdem besteht die Ehe bis heute. Der Grund liegt auf der Hand und hat sicher schon die eine oder andere eheliche Beziehung vor dem Aus gerettet: Mein lieber Onkel Bernhard ist ein gemütlicher Mensch, der gutes Essen und ein behagliches Zuhause schätzt. Und genau diese Dinge bekommt er bei Tante Ute. Wenn in dieser Hinsicht alles stimmt, kann er über so manche kleine Ungereimtheit locker hinwegsehen. Alles hat seinen Platz: Tante Ute führt ein Regiment, dessen Regeln sich seit Jahrzehnten nicht geändert haben und gerade daher so schön vorhersehbar sind. Und die (glaube ich) gut gemeinten Tipps seiner lieben Ehefrau hört er sich schon lange nicht mehr an. Dafür greift die Frau Gemahlin lieber zum Telefon oder steht gar unangemeldet persönlich vor der Tür: »Kind, ich wollte doch nur mal nach euch sehen und einen *frischen* Apfelkuchen bringen.« Okay, der Apfelkuchen meiner lieben Tante ist wirklich ein Gedicht – wer kann dazu schon Nein sagen? Allerdings kann ich der lieben Frau ja wohl kaum den Kuchen aus den Händen reißen und ein lautes »Dankeschön!« rufend die Tür wieder schließen. Nein, ich bitte sie natürlich herein, wir trinken eine Tasse Kaffee zusammen und sie beäugt kritisch den Zustand unserer Küche. Vorsicht, jetzt kommen gleich wieder die guten Ratschläge! »Kind, ich weiß, du bist alleinerziehend, aber willst du denn nicht wenigstens eine schöne Tischdecke auflegen? Das ist doch unsere KULTUR, und auch ein wichtiges Vorbild für deinen Herrn Sohn. Wie soll er denn später mal eine gute Ehefrau finden, wenn er keine Maßstäbe hat!« Ich nicke stumm. Ja, ich finde auch, bei einem Teenager, der gerade das zehnte Lebensjahr vollendet hat, wird es höchste Zeit, an die Hochzeitsplanung zu denken! Jetzt wieder die partielle Hörschwäche vortäuschen und die letzten Minuten des unfreiwilligen Kaffeestündchens in Frieden meistern. »Wie, ähm, ja ja«, murmele ich und balanciere einfach noch ein dickes Stück Apfelkuchen auf

Tante Utes Teller. Denn glücklicherweise hat sie ja ein eigenes, perfekt sortiertes Zuhause, selbstverständlich MIT Tischdecke, und wird in zwei oder (hoffentlich spätestens) in drei Stunden wieder dorthin zurückkehren.

→ Praxistipp: Immer mit der Ruhe

Der Start in das »Single-und-für-alles-verantwortlich-Dasein« ist oft eine Zeit voller Umbrüche. Bleiben Sie stark, und demonstrieren Sie auch dann Gelassenheit, wenn Sie einmal keinen Plan haben. Trainieren Sie Ihren Instinkt, damit sind Sie auch für die Kinder ein gutes Vorbild und strahlen die nötige Ruhe aus. Es gibt immer eine Lösung! Die nächste ist garantiert für Sie reserviert und stammt (hoffentlich) nicht von Tante Ute.

KAPITEL II

ABSCHIED VON DER OPFERROLLE

Einen Haushalt mit einem oder mehreren Kindern allein zu führen heißt nicht zwangsläufig, dass der andere Elternteil der Kinder sich überhaupt nicht an der Erziehung beteiligt. Immerhin verbringen viele Kinder regelmäßig ihre Wochenenden, einen Teil der Ferien oder auch einzelne Wochen dort. Trotzdem gestalten Sie quasi den gesamten Alltag. Und die meisten Kinder-Angelegenheiten, die zwischen morgens um sechs und abends um sieben oder acht oder neun stattfinden, müssen Sie selbst regeln. Nachts geht es dann mit den ganz Kleinen weiter oder mit größeren Kindern, die nicht schlafen können oder dummerweise gerade mal wieder einen Infekt mit nach Hause gebracht haben, der genau zwischen zwei und vier Uhr nachts beschließt, jetzt den ganzen Katalog unangenehmer Krankheitssymptome auf Ihren Sprössling abzufeuern – von Hustenattacken über Fieberschübe bis hin zu Magenkrämpfen und allem anderen, was wir an dieser Stelle mal nicht beim Namen nennen. Für alle diese Dinge sind nun rund um die Uhr in Personalunion Sie verantwortlich. Selbst wenn ein Kind zwischenzeitlich von anderen betreut wird, liegen auch die Organisation und Entscheidung über das Was, Wie und Wann bei Ihnen. Und selbstverständlich müssen Sie springen, sobald die Tagesmutter ausfällt, die Kita oder der Kiga geschlossen haben oder wenn Schulferien sind. Und das ist, wie wir uns sicherlich einig sind, bei Weitem nicht alles. Doch wie ist das zu schaffen, vor allem über längere Zeit?

WIE SIE VERANTWORTUNG FÜR ZWEI ÜBERNEHMEN

Neben den zahlreichen Tipps auf diesen Seiten, wie Sie für Ihre Gesundheit sorgen, sich Entlastung suchen und ab und zu eine kleine Auszeit nehmen, empfehle ich für die wichtigsten Fälle einen Notfallplan. Was tun Sie, wenn eines der Kinder mitten in der Nacht in die Notfallambulanz der Kinderklinik muss? Wer achtet auf die anderen Kinder, wie kommen Sie in die Klinik, und was sollten Sie unbedingt einstecken, bevor es losgeht? Planen Sie für solche Sondereinsätze bitte genügend Zeit ein. Je nach Stadt und Versorgungssituation kann es auch mal ein Stündchen dauern, bis Sie in der Klinik an die Reihe kommen. Wenn Sie dann auch noch befürchten müssen, dass Ihre mühsam organisierte Nachtwache für die Kinder zu Hause auf Ihrem Handy anruft, um zu verkünden »Ich schreibe morgen eine Klassenarbeit, und meine Eltern haben gesagt, ich soll jetzt sofort nach Hause kommen und schlafen!«, könnte es schwierig werden. Außerdem kann es nicht schaden, ein paar Euro in bar auf die Seite zu legen, falls Sie in einer solchen Nacht ein Taxi brauchen oder Ihr Kind etwas aus der Nachtapotheke benötigt, wofür eventuell Zuzahlungen anfallen.

Bezogen auf andere Situationen können Sie überlegen, welche Aufgaben Ihr Partner bislang (mehr oder weniger) zuverlässig übernommen hat. Für welche davon benötigen Sie ab sofort Unterstützung? Welche können Sie notfalls vom Programm streichen? Alles, was Ihnen dazu in einer ruhigen Minute einfällt (falls Sie mal eine haben), ist später Gold wert und erspart Ihnen womöglich in Zukunft einen folgenschweren Nervenzusammenbruch.

WIE SIE ES SCHAFFEN, (K)EINEN STEMPEL AUFGEDRÜCKT ZU BEKOMMEN

Für die meisten Sprösslinge ist die Trennung der Eltern nicht leicht. Benutzen Ihre Kinder diese Erfahrung aber noch drei Jahre später zweimal in der Woche als Ausrede für fehlende Hausaufgaben, werden Sie das rigoros, und ohne schlechtes Gewissen als Übertreibung werten. Doch nicht alle Alleinerziehenden sind so konsequent. Wie bequem ist es doch, für schlechte Leistungen in der Schule den vermeintlich wahren Grund zu kennen. So erzählte mir eine befreundete Mutter: »Meine Tochter ist ja so wahnsinnig sprachbegabt! Schon als Baby hat sie nicht nur Deutsch, sondern auch schon Englisch und Französisch verstanden! Aber als Scheidungskind kann sie diese Begabung natürlich unmöglich ausbauen. Da ist die Fünf in Englisch doch ganz logisch …«

Viele machen ihren Beziehungsstatus für praktisch alle Probleme und Hindernisse verantwortlich. Oft scheint es, als würden sie rund um die Uhr ein imaginäres Plakat vor sich hertragen, beschriftet mit den Worten: »Ich kann nichts dafür, ich bin alleinerziehend!« So ein Fall ist auch meine Nachbarin Silvie. Gibt es etwas zu erledigen, kommt sie immer mit der Masche: »Ich würde ja sehr gerne bei den Vorbereitungen für das Schulfest helfen, ABER wann sollte ich das tun? Ich bin nun mal ALLEINERZIEHEND und kann die armen Kinder nicht alleine lassen!«

Diese Begründung passt auch prima auf viele andere Dinge, die Silvie tunlichst vermeidet, zum Beispiel endlich mal Sport treiben. »Ich würde ja sehr gerne dreimal die Woche joggen gehen, ABER …«

Bitte nicht falsch verstehen: Wer ein Baby und Kleinkinder hat oder gerade aus diversen Gründen in einer extra schwierigen Lebensphase steckt, muss den Status »alleinerziehend« in jedem Fall als wichtiges Argument ins Feld führen! Es ist wichtig, dass Ihre Umwelt die Situation kennt, damit Sie im Fall der Fälle um Verständnis und Hilfe bitten können. Doch Vorsicht ist geboten, wenn mit den Jahren die Haltung zur Gewohnheit wird – und sich viele Dinge vielleicht gar nicht mehr so dramatisch darstellen. Silvies Kinder sind zum Beispiel 12 und 14 Jahre alt und wären mit Sicherheit entzückt, wenn ihre pummelige Mutti nachmittags auch mal die Wohnung verlassen würde. Aber nein, Silvie weiß es besser: Ob die Milch überkocht oder die Waschmaschine ausläuft, ob im Job mal wieder Überstunden anstehen oder zu Hause die spießigen Nachbarn meckern – wer daran schuld ist, ist doch vollkommen klar, oder? Genau, der untreue Expartner! Und als wäre das nicht schon schlimm genug, ist sie mit diesem überzogenen Selbstmitleid auch noch ein Vorbild für ihre Kinder. Manche übertreiben das Jammern so permanent, dass ihnen irgendwann niemand mehr zuhören will. Bei Silvie ist »alleinerziehend« gleichbedeutend mit Fußpilz, Nierenversagen, alles vernichtenden Tornados und sämtlichen anderen denkbaren Katastrophen. Kein Wunder, dass dann zu allem Übel auch noch die grausame Einsamkeit dazukommt. Und prompt ist der Schuldige für all das … Sie ahnen es: Hans-Günter, dem sie einst das Jawort gab. Zu allem Überfluss war ihr ehemaliger Göttergatte auch noch der Ansicht, die Kinder sollten seine Vornamen tragen, sodass Hans und Günter ihre arme Mutter nun täglich an den Vater ihrer Kinder erinnern. Glücklicherweise haben die beiden sich schon in frühen Jahren Spitznamen zugelegt, denn auch sie waren mit dieser Namensgebung, sagen wir, nicht uneingeschränkt glücklich. Doch zurück zum Thema:

Stimmt, das Leben mit Kindern und ohne Partner hat seine Härten. Aber ist das wirklich der Grund dafür, dass das Kinderzimmer schon seit Monaten aussieht wie nach einem Hurrikan? Oder, wenn ein Kind lispelt und eine Sprachschulung benötigt? »Haha«, meinte dazu meine Freundin Mia: »Das würde ja heißen, dass wir in den Wartezimmern immer nur geschiedene Mütter, Väter und Scheidungskinder treffen. Wäre ja superpraktisch, um einen neuen Partner zu finden, besser als jede Singlebörse.«

WIE SIE OHNE (SELBST-) MITLEID AUSKOMMEN

Manchmal tut es richtig gut, anderen von den eigenen Sorgen und Nöten zu erzählen und von lieben Freunden echte Anteilnahme zu erfahren. Das ist richtig und wichtig. Niemand sollte das Gefühl haben, sich verstecken zu müssen oder sein Pensum tapfer wie eine Primaballerina jahrelang ohne das leiseste Jammern über die schmerzenden Füße zu absolvieren. Trotzdem ist auch für alle, die zufällig keine Primaballerina sind, im Alltag als Alleinerziehende eine gewisse Balance bei der Selbstdarstellung gefragt. Denn ohne es zu wollen, drücken manche nicht nur sich selbst, sondern auch ihren Kindern noch einen Stempel auf die Stirn: »Ich stamme aus einer kaputten Familie.« Das funktioniert zum Beispiel super, wenn Ihr Wirbelwind mal wieder eine Fensterscheibe mit dem Fußball zerschossen oder die teure Puppe der Nachbarstochter ruiniert hat und Mutter oder Vater das Ganze wieder geraderücken müssen: »Ja, wissen Sie, wir haben es eben nicht leicht …« Aber was ist die Konsequenz davon? Ich persönlich kenne niemanden, der möchte, dass seine Kinder als arme Scheidungsopfer abgestempelt und statt mit ihrer wahren Persönlichkeit gesehen zu werden nur Mitleid ernten. Auch für den charmanten Arbeitskollegen ist gebündeltes Selbstmitleid bestimmt kein Anlass, die ewig schlecht gelaunte und über alle Probleme des irdischen Daseins klagende Kollegin auf einen Kaffee einzuladen.

WIE SIE SICH VON IHRER WAHREN SEITE ZEIGEN

Machen Sie doch einfach mal den Selbstversuch, wenn Sie sich und die Kinder irgendwo neu einführen. Zum Beispiel an der neuen Schule, im Sportverein oder im Urlaub. Blenden Sie das Thema Beziehungsstatus konsequent aus, und konzentrieren Sie sich auf alles andere, was Ihnen gerade in den Sinn kommt. Das müssen gar keine Tiefsinnigkeiten sein. Meine Freundin Mia ist in diesem Punkt ungeschlagene Meisterin im spontanen Themenwechsel. Kommt jemand auf den Familienstatus zu sprechen, sagt sie einfach aus heiterem Himmel Dinge wie: »Also ganz ehrlich, für dieses abgestandene Gesöff hier ist dieser sogenannte Eiskaffee definitiv zu teuer.« Und erkundigt sich im Anschluss ganz charmant nach den jüngsten Erlebnissen ihres Gegenübers. Auf diese Weise hat sie bei ihrer Begleitung schon des Öfteren ein verwundertes Stirnrunzeln ausgelöst, aber das stört sie nicht im Geringsten.

WIE SIE SICH DAVOR BEWAHREN, IN DEN JAMMERSONG DER ALLEINERZIEHENDEN EINZUSTIMMEN

Wie oft ist mir das schon passiert: Ich treffe eine andere allein-erziehende Mutter, wir reden kurz über die neuesten Entwicklungen bei jeder von uns, was die Kinder machen, was die Expartner, wie es an der Jobfront aussieht … und schon fängt eine von uns an, das eigene Schicksal zu beklagen oder die Umstände ironisch auf die Schippe zu nehmen. Eigentlich eine ganz wichtige Sache, schließ-lich wollen wir ja nicht an unseren Sorgen ersticken. Ich kann aber nur davor warnen, das als Dauerthema zu behandeln. Warum? Weil es Ihren Blick immer wieder auf die unerfreulichen Seiten Ihres Da-seins lenkt. Wetten, Sie stolpern nach so einem Gespräch viel häufi-ger über Dinge, die Ihnen vermeintlich das Leben schwer machen, als vorher? Ich finde es wichtig, Missstände oder Ungerechtigkeiten beim Namen zu nennen. Aber alles nur aus dem kritischen Blick-winkel zu betrachten raubt schlicht und ergreifend nur die Freude am Leben und verstellt Ihnen die Sicht auf die guten Dinge. Ist Ihr Kind bis auf eine gelegentliche Kinderkrankheit gesund? Glück-wunsch! Haben Sie Verwandte und Freunde, mit denen Sie sich gut verstehen? Ausgezeichnet! Und in Ihrem Haus gibt es nette Nach-barn, mit denen Sie sich gelegentlich gegenseitig beim Kinderhüten aushelfen? Sensationell! Üben Sie sich darin, das Gute in Ihrem Leben zu sehen – und loben Sie sich für jeden Schritt, den Sie und Ihre Kinder gemeistert haben. Versuchen Sie, Spaß in den All-tag zu bringen und auch mal mit den Kindern zu scherzen, wenn Ihnen nicht unbedingt danach ist. Sie werden sehen: Es klappt nicht immer, aber wenn es funktioniert, werden Sie überrascht sein, wie viel Einfluss Sie auf den Verlauf einer Situation und auf die Stimmung aller Beteiligten nehmen können. Ganze Tage können anders verlaufen, wenn Sie beschließen, sich von ein paar eigentlich doch ganz unwichtigen Kleinigkeiten (nennen wir den ganzen Klimbim jetzt einfach mal so) nicht die Laune verhageln zu lassen. Auch das, da haben Sie völlig recht, kann unmöglich jeden Tag gelingen. Aber wenn Sie es sich ab und zu ganz spontan mal auf die Fahnen schreiben, bringt es schon eine ganze Menge – für Sie und für Ihre Kinder. Denn auch Ihre Sprösslinge lernen dann, dass man scheinbar trübe Alltagssituationen mit ein wenig Witz nehmen kann und nicht alles immer nur bitterernst sehen muss.

16

WIE SIE DER STATISTIK
AUS DER ZAHLENKOLONNE SPRINGEN

Alleinerziehende werden vielfach statistisch erfasst, sei es bei der Steuererklärung, beim Antrag auf soziale Leistungen, über die Angaben, die Sie beim Arbeitgeber machen, oder im Formular für die Schulanmeldung. Das hat Vorteile und Nachteile. Natürlich machen Sie auf amtlichen Formularen nur korrekte Angaben. Aber immer dann, wenn diese Angaben nicht zwingend sind, überlege zumindest ich mir, ob sie mir und meinem Kind jetzt gerade Vorteile bringen würden. Ist das nicht der Fall und die Angabe nicht zwingend, verzichte ich darauf, genauso wie auf die Angabe, wie viele Kinder in welchem Alter ich habe. Weiß ich, wer das alles liest und wie die Daten weiterverarbeitet werden? Nein. Geht es ein Versandhaus oder irgendein fragwürdiges Marktforschungsunternehmen etwas an? Wohl kaum. Und bei manchen Formularen entbinden Sie die Behörde, bei der Sie Zusatzleistungen beantragen, auch gleich noch der Schweigepflicht gegenüber der Schule oder den betreuenden Einrichtungen Ihrer Kinder. Wenn Sie dies nicht möchten, also auch das Kleingedruckte vor dem Ausfüllen und Unterschreiben gründlich lesen.

→ Praxistipp: So punkten Sie mit echten Stärken

Machen Sie das Stichwort »alleinerziehend« nicht zum Dauerbrenner Ihrer Gedanken und Gespräche. Auch dann nicht, wenn Ihnen andere Alleinerziehende à la Silvie gerne mit ihren Lamentos in den Ohren liegen. Falls Ihnen jedoch Behörden oder andere Quälgeister im Nacken sitzen und Ihre Situation womöglich noch schwieriger machen, als sie ohnehin schon ist: Nutzen Sie die Lage bitte schonungslos aus, und schildern Sie die Umstände Ihres Daseins mit allen unangenehmen Details! Das hat nicht – wie Sie jetzt vielleicht denken – mit Kalkül zu tun, sondern mit Sorgfalt. Sonst kann Ihr Gegenüber die Situation nicht angemessen bewerten. Dabei ganz wichtig: Unterstreichen Sie, dass Sie minderjährige Kinder im Haushalt versorgen.

ERSTE HILFE

Ich habe es am Anfang selbst nicht geglaubt, aber jetzt weiß ich, dass es stimmt: Als Alleinerziehende ist man in chronischer Zeitnot. Gar nicht so einfach, sich da noch regelmäßig um Freunde und Verwandte zu kümmern. Eine gute Freundin von mir meinte dazu einmal: »Irgendwie habe ich das Gefühl, im Alphabet immer wieder bei A anzufangen. Bis zum Z habe ich es noch nie geschafft!« Bei mir hat sich schon manche Freundschaft über lange Strecken bewähren müssen, in denen ich Verabredungen dauernd wieder absagen musste. Ob das Kind krank ist, im Alltag mal wieder alles über den Kopf wächst oder jemand aus der engsten Familie Hilfe braucht: Wenn man ohnehin alleine für Kinder und Haushalt sorgt, ist die Belastungsgrenze oft ebenso schnell erreicht wie die Maximalgrenze des Zeitbudgets. Und wenn man dann wirklich mal Zeit hätte, kann es passieren, dass ausgerechnet *die*jenigen Angehörigen selbst zum Hörer greifen, die man gerade »ausnahmsweise« einmal nicht sprechen wollte …

17

WIE SIE IHR SOZIALLEBEN VOR DEM ZUSAMMENBRUCH RETTEN

Natürlich landet man als frischgebackene Alleinerziehende nicht schon nach drei Tagen in der totalen Einsamkeit. Trotzdem ist es gerade in dieser Zeit wichtig, Kontakt zu all jenen zu halten, mit denen das Zusammensein angenehm ist und Spaß macht. Doch wie kann das bei dem meist eng gestrickten Zeitplan gelingen, ohne die Kinder oder den Job zu vernachlässigen? Für den Nachwuchs sollten Sie sich mit der Zeit ein gutes Betreuungsnetz aufbauen, wo Ihre Kinder gut aufgehoben sind, wenn Sie einmal keine Zeit haben. Das kann selbst dann gelingen, wenn keine direkten Verwandten in der Nähe wohnen, dann ist es aber ohne jeden Zweifel schwieriger. Gehören Sie wie ich zur letzten Gruppe, kann ich Sie nur zur Entschlossenheit ermuntern: Suchen und pflegen Sie Kontakte, gehen Sie aus sich heraus, und kapseln Sie sich und Ihre Kinder nicht ab. Ein Netzwerk ist immer ein Spiel aus Geben und Nehmen. Und wenn es eines Tages richtig läuft, kann das Klüngeln sogar bekennenden Kontaktmuffeln Spaß machen, versprochen!

18

WIE SIE IHRE WAHREN FREUNDE ERKENNEN

Die schönste Möglichkeit, Freundschaften zu pflegen, ohne die Kinder zu vernachlässigen, ist natürlich, sich gegenseitig mit den Kindern zu besuchen oder gemeinsam etwas zu unternehmen. Das passt für alle Freunde, die ebenfalls Eltern oder natürlich kinderlieb sind. Dabei sollten die befreundeten Eltern auch in puncto Kindererziehung möglichst auf einer Wellenlänge sein. Ehemals beste Freunde sieht man plötzlich in einem ganz anderen Licht, wenn sie ihre Sprösslinge zu kleinen Monstern heranwachsen lassen, die die eigenen lieben Kleinen tyrannisieren. Inwieweit Sie langfristig den Kontakt zu kinderlosen Freunden erhalten, die weniger mit Ihren Kleinen anfangen können, hängt ganz davon ab, ob Sie sich ab und zu auch mal einen Babysitter leisten. Sonst entstehen womöglich Situationen, in denen Sie Ihre vermeintlichen Freunde plötzlich gar nicht mehr so nett finden. Wenn diese bei einem Besuch etwa verkünden, sie hätten ein lustiges Spiel dabei, das sicher auch den Kindern Spaß macht. Einen bitteren Beigeschmack bekommt dieses fröhliche Angebot jedoch dann, wenn Ihr Gast seinen tollen Zeitvertreib später am liebsten dann vor der versammelten Gästeschar präsentiert, wenn die angeblich »nervigen Blagen« gerade draußen sind. Nicht weniger bitter ist es, wenn der Gast den Kindern verspricht, er würde am Abend eine Runde Fußball mit ihnen spielen. Und sobald die Meute dann am Bolzplatz angekommen ist, glänzt er mit der Ansage, er sei jetzt der Schiedsrichter, zündet sich erst einmal ganz entspannt eine Zigarette an und telefoniert mit seinen Kumpels.

19

WIE SIE IHRE KINDER GARANTIERT GLÜCKLICH MACHEN

Natürlich sollten nicht nur *Sie* so oft wie möglich Freundschaften pflegen und, wenn es Zeit und Raum hergeben, Freunde einladen oder besuchen. Gerade in der ersten Zeit nach der Trennung ist es für Ihre Kinder Gold wert, wenn sie Freunde zu Besuch haben dürfen. Als mein Sohn im Kindergartenalter war, haben wir regelmäßig einmal die Woche die gleichaltrige Tochter einer guten Freundin bei uns gehabt. Damit war an diesem Wochentag allen geholfen: Meine Freundin konnte an diesem Tag ohne Sorge in die Arbeit fahren, mein Sohn spielte den ganzen Nachmittag mit seiner Lieblingsgefährtin aus dem Kindergarten, und ich kam mit den Kindern an die frische Luft oder hatte Freude am gemeinsamen Backen oder Spielen. Solche Allianzen helfen den Kindern auch im Grundschulalter über das Gefühl der Eineltern-Familie hinweg und lassen sich beliebig variieren. Mal sind die Kinder nachmittags bei der einen

Mutter, mal bei der anderen. Das heißt, einmal die Woche fällt Kochen und Hausaufgabenbetreuung aus, und die Kinder genießen es, den Tag mit Freunden zu teilen. Bereiten Sie aber dafür sich selbst und die Wohnung ein bisschen vor, damit es keine unliebsamen Überraschungen gibt. Ich hatte zum Beispiel ganz vergessen, wie gerne die Kinder in MEINEM Schlafzimmer unter MEINEM Bett »Höhle« spielten. Das war ein ganz tolles Spiel, bei dem man auch Süßigkeiten und andere tolle Fundstücke in die Höhle schleppen musste und dann dort stundenlang spielte. Leider begann es einige Tage später in meinem Schlafzimmer ganz seltsam zu riechen. Ich hatte den Spielenachmittag längst vergessen und suchte Ewigkeiten vergebens nach der Ursache der Luftverpestung. Bis ich beim Staubsaugen endlich darauf stieß: ein üppiges Stück Camembert, appetitlich drapiert auf einem (inzwischen nicht mehr ganz so appetitlichen) Apfelschnitz – direkt unter meinem Bettgestell.

Später, im Schulkindalter, ist das gegenseitige Übernachten eine der größten Freuden, die man den Kindern bereiten kann. Wann immer Sie es von Ihren Kräften her einrichten können, ist dies eine schöne Alternative zum Kurzurlaub. Und bei größeren Kindern, die meist alleine mit ihrem Besuch losziehen, auch die perfekte Gelegenheit für Sie, in der Zwischenzeit andere wichtige Dinge zu erledigen. Zum Beispiel den längst fälligen Telefonplausch mit Ihrer sträflich vernachlässigten besten Freundin. Tunlichst vermeiden sollten Sie allerdings, für den Tag der Abreise von Freund oder Freundin noch wichtige Programmpunkte einzuplanen wie Mathe lernen, mit Papa zu einer »ganz ganz tollen Wanderung« in die Berge fahren oder Ähnliches. Denn sowohl das Gastgeberkind als auch der Gast pflegen nach diesen Gelegenheiten schon Minuten nach dem Abschied in einen unvergleichlichen Tiefschlaf zu fallen, den Sie sich in manchen ruhelosen Nächten garantiert schon mehrfach für Ihre Schätze herbeigesehnt hatten. Wecken zwecklos!

20

WIE IHRE KINDER AUCH IN UMBRUCHZEITEN GUT AUFGEHOBEN SIND

Sie werden sehen, sobald Sie alleinerziehend sind, stellt sich die Frage »Und wer passt auf die Kleinen auf« nahezu permanent, vor allem, wenn die Kinder wirklich noch klein sind. Eine mögliche Antwort auf diese Frage wäre zum Beispiel: »Hol dir doch einen Babysitter ins Haus!« Allerdings gibt es da vorher so einige Dinge zu klären. Die wohl wichtigste Frage ist natürlich, wer für diese Aufgabe überhaupt geeignet ist. Schließlich will man die lieben Kleinen ja nicht einfach jedermann überlassen. Günstige Babysitter sind Schülerinnen, die sich ein Taschengeld verdienen möchten. Aber passen Sie auf, dass Sie am Ende nicht noch ein Kind mehr im Boot haben, das beherzt Ihre mühsam gefüllte Speisekammer leert und dabei ganz vergisst, warum es eigentlich in Ihrer Wohnung ist. Außerdem haben gerade junge Babysitterinnen noch wenig Erfahrung und nicht immer den nötigen Respekt vor der Aufgabe. Ich erinnere mich an eine Schülerin, die auf meine Frage, warum mein Baby denn weder gewickelt sei noch schlafe, ganz ungerührt erwiderte, sie habe die Windeln und den »Ausschalter« nicht gefunden. Beim Kassieren und pünktlich Abdüsen legte sie allerdings größten Wert auf Genauigkeit. Daher ist es sinnvoll, sich erst einmal kennenzulernen und einen ersten Eindruck zu verschaffen. Hat man die passende Betreuung gefunden, gibt es natürlich noch das Grübeln darüber, welche Bezahlung angemessen ist. Schließlich wollen Sie nicht 40 Euro für einen Nachmittag ausgeben, an dem die einzige Gegenleistung darin besteht, dass der Babysitter mit dem Kind eine Viertelstunde lang *Frag es Trulla* auf dem neuen

Smartphone spielt und danach unter keinen Umständen beim Fernsehen gestört werden möchte. Auch darüber kann man sich beim Kennenlernen schon einmal austauschen. Vielleicht erklärt sich ja auch eine Ihrer Freundinnen bereit, ohne Bezahlung auf die Kinder zu achten, oder Sie haben ein gutes Verhältnis zu Ihren Nachbarn.

Wenn diese Fragen endlich geklärt sind und Sie Ihre Entscheidung verkünden, kann es gut sein, dass es zu Gejammer kommt. Beliebte Sätze sind da zum Beispiel: »Ich brauche doch keinen Babysitter, ich bin doch schließlich kein Baby mehr!« oder: »Aber ich bin doch schon groß!« Erklären Sie Ihrem Kind einfach, dass die Betreuung nicht zur Überwachung da ist, sondern um gemeinsam etwas Schönes zu unternehmen. Natürlich ist ein Babysitter nicht die einzige Möglichkeit. Je nach Alter des Kindes bietet sich auch eine Kita oder Tagesmutter an. Ist das Kind schon etwas älter oder Sie möchten es ungerne in fremde Hände geben, kann Ihr Liebling durchaus mal für einige Stunden seine Freunde oder die Großeltern besuchen. Letztere bieten sich allerdings nur an, wenn sie nicht so ticken wie …, ja genau die meine ich. Bei all diesen Möglichkeiten sollten natürlich die Wünsche des Kindes respektiert werden. Außerdem freut sich Ihr Sonnenschein über jede Stunde, in der er oder sie ganz und gar Ihre Aufmerksamkeit genießen darf.

Gerade wenn Sie mehrere Kinder zu versorgen haben, wird es nicht ganz einfach sein, gleichzeitig für genügend Geld in der Haushaltskasse zu sorgen und zu arbeiten. Henriette hat mit ihren drei Kindern, die sie inoffiziell praktisch alleine großziehen muss, wirklich alle Hände voll zu tun. Da ist es ihr eine riesige Hilfe, dass Lisa einmal die Woche auf die drei aufpasst. Normalerweise würde Lisa so etwas niemals tun, allerdings gibt es einige gute Gründe, die sie doch dazu bewegen. Der erste besteht darin, dass sie Henriette, wie schon erwähnt, förmlich anhimmelt. Sie ist ihr großes Vorbild und eine gute mütterliche Freundin zugleich, die Lisas Schmerz über den Weggang ihrer Mutter ganz bedeutend lindert. Der zweite Faktor ist, dass Lisa die Namen von Henriettes Kindern zwar überhaupt nicht nachvollziehen kann, und sich gelegentlich sogar darüber lustig macht. Die Kinder aber, wie sie es ausdrückt, trotzdem »mega hammersüß« findet. Obwohl diese beiden Dinge vermutlich schon mehr als ausreichend wären, Lisa zur Rolle als Babysitter zu motivieren, gibt es noch einen dritten Grund. Henriette gibt Lisa jedes Mal 15 Euro fürs Aufpassen. Bei vier Nachmittagen im Monat sind das ganze 60 Euro. Für Lisa ein kleines Vermögen, das sie dann meistens vollständig mit Henriette zusammen in der Stadt ausgibt. Anfangs war Henriette etwas misstrauisch. Sie konnte sich nicht mit dem Gedanken anfreunden, dass ein junges Mädchen wie Lisa es schafft, auf ganze drei Kinder aufzupassen. Daher sollte Lisa sich als Erstes um eines kümmern, wenn dies klappen würde (und es klappte hervorragend) um zwei der kleinen Rabauken, und dann um alle drei. Zu Henriettes Verwunderung bestand Lisa beide Prüfungen mit einem und zwei Kindern. Auch das Hüten von drei Kindern stellte für die bemühte Schülerin kein Problem dar.

21

WIE BETREUUNG GANZTAGS FUNKTIONIERT

Doch nicht jeder hat das Glück, eine Idealbesetzung wie Lisa für seine Kinder zu finden, die ihren Dienst sogar teilweise aus purer Freundschaft und Zuneigung zu den Kindern übernimmt. Alleinerziehende Mütter und Väter, die ganztags arbeiten, helfen sich deshalb oft entweder mit den Betreuungsangeboten von Schule oder Hort. Oder sie engagieren für den eigenen Haushalt regelmäßig ein Au-pair oder eine Tagesmutter. Für die Aufnahme eines Au-pair-Besuchers müssen bestimmte Voraussetzungen erfüllt sein. Sie benötigen ein eigenes Zimmer für Ihren helfenden Gast, müssen ein monatliches Taschengeld, Kosten für Versicherung und einen Sprachkurs einplanen. Und natürlich sind Kost und Unterkunft für den Gast gratis, sodass Sie das Haushaltsbudget an einen Bewohner mehr anpassen müssen – vom Lebensmittelbedarf bis zu Wasser und Heizung. Trotzdem kann es sich rechnen, denn mit einem Au-pair haben Sie auch abends und nachts eine Hilfe im Haus. Nützlich, wenn Sie Abendtermine wahrnehmen möchten oder eines der Kinder plötzlich mitten in der Nacht in die Kinderklinik muss. Letzteres war zumindest im Leben meines Sohnes öfter mal der Fall, und ich kenne die Situation auch von Freunden. Kaum ist Wochenende oder Nacht und die örtlichen Kinderärzte haben geschlossen, kündigen sich schwere Magenkoliken, nicht endendes hohes Fieber oder andere Notfälle an, die einer ärztlichen Begutachtung bedürfen. Gut, wenn man dann jemanden hat, der in der Zwischenzeit auf die anderen Kinder achtet. Ist der Platz in der Wohnung vorhanden, das Budget für ein Au-pair jedoch nicht ausreichend, kommt eventuell auch ein Untermieter oder eine Untermieterin infrage. Studenten oder auch eine ältere alleinstehende Person wären hier eine Möglichkeit, die man sich natürlich sorgfältig aussucht. Sympathie und Vertrauen sind auch wichtige Punkte für die Wahl einer geeigneten Tagesmutter. Schließlich möchten Sie Ihr Kind in guten Händen wissen und ihm auch in Ihrer Abwesenheit einen Rahmen bieten, in dem es sich sicher fühlt und gut entfalten kann. Eine weitere Option, die auch von alleinerziehenden Vätern gerne genutzt wird, ist das Homeoffice. Immer häufiger bieten Unternehmen diese Option auch teilweise oder sogar ganz für Festangestellte an. Falls sich Ihre Arbeit für eine Tätigkeit von zu Hause aus eignet, fragen Sie doch einfach einmal bei Ihrer Abteilungsleitung nach. Vielleicht können Sie ja wenigstens einen Teil Ihrer Arbeit auf diese Weise erledigen. Damit sparen Sie jede Menge wertvolle Zeit, die Sie normalerweise mit Hin- und Rückfahrt verbrauchen würden, und haben somit mehr Zeit für sich und Ihre Kinder.

22

WIE SIE SICH UND IHREN KINDERN EINREDEN, DASS ALLES IN ORDNUNG IST

Dramen gibt es im Leben eines Kindes praktisch dauernd. Ob das Lieblingskuscheltier verloren geht, der heiß geliebte Schnulli aus Versehen in den Gulli fällt oder der Eismann einfach Schoko statt Erdbeere auf die Waffel packt. Und damit sind wir auch schon beim Thema. Denn das Wichtigste für Kinder besteht schließlich darin, dass ihre eigene Welt in Ordnung ist und sie ihre gewohnten Bezugspersonen und Rituale beibehalten können. Darauf können Sie ganz unabhängig von Trennung, Scheidung, kolossalem Streit und allen anderen Weltuntergangsszenarien der Erwachsenenwelt immer achten. Überlegen Sie sich gerade in Krisenzeiten, woran das Herz jedes Kindes hängt. Paula braucht immer ihren Teddybär und liebt es, mit Ihnen zu kuscheln. Max erzählt jeden Nachmittag von seinen neuesten Abenteuern im Hort und geht nie ohne sein rotes Spielzeugauto in der Hosentasche aus dem Haus. Und Freddy würde lieber barfuß laufen, als darauf zu verzichten, abends lautstark seine Lieblingssongs zu hören oder tagsüber seinen MP3-Player abzuspielen. Wenn dann auch noch möglichst oft das Lieblingsessen auf den Tisch kommt, könnten fast nur noch ein echtes Piratenschiff, die neuesten Feenflügel oder Superheldenkräfte ein Kinderherz höher schlagen lassen. Auch kleine Rituale, zum Beispiel rund um die Schlafenszeit, geben Halt und vermitteln ein Gefühl von Sicherheit. Kinder haben gerne ein paar Wahrheiten und Regeln, mit denen sie ihre Welt sortieren. Als mein damals zweijähriger Sohn einmal für zwei Nächte bei seinem Papa übernachtet hatte, saß er am nächsten Abend zufrieden zu Hause in seinem Bettchen und präsentierte mit ernsthafter Miene die gesammelten Erkenntnisse seiner kleinen Reise: »Gell Mama, bei Vollmond muss man schlafen!« Und ganz wichtig für jedes Kind: dass Mama oder Papa sich Zeit nehmen und regelmäßig zum Spielen, Kuscheln oder Blödeln da sind.

23

WIE SIE MIT LEEREM GELDBEUTEL FÜR EINEN VOLLEN KÜHLSCHRANK SORGEN

Neulich bei Steffano: fünf Kinder zu Besuch, drei Erwachsene, die sich zufällig vor dem Haus getroffen haben und nun auf einen Kaffee bei ihm in der Küche hoffen. »Und, wie läuft's denn so mit deinen Comics?«, frage ich ihn, denn Steffano ist Comiczeichner, und seine Einnahmesituation gleicht normalerweise dem Auf und Ab einer Achterbahn. »Leider ziemlich mau im Moment, bin total pleite. Und jetzt geht Lisa auch noch auf Klassenfahrt und braucht dafür 150 Euro«, jammert er. Wir alle bedauern ihn. Dann öffnet er den Kühlschrank, um die Milch für den Kaffee zu servieren. Und plötzlich tut er uns gar nicht mehr leid. Im Kühlschrank befinden sich gut sichtbar: eine Flasche bester Champagner, eine Dose echter russischer Kaviar, eine Box vom Sushi-Express und jede Menge von Lisas Spezialjoghurts und Proteindrinks. »Ähm, hattest du nicht gerade gesagt, du bist total pleite?«, frage ich verwundert. Steffano zieht sein Pokerface auf und sagt: »Hab ich alles auf Pump bestellt. Ich brauchte echt mal wieder was Ordentliches.« Wir lachen, aber die Lage ist natürlich jedem von uns wohlbekannt. »Ich mache das ähnlich, wenn es mal knapp ist. Aber dann gibt's keine Extrawürste und nur die günstigen Sachen vom Supermarktlieferdienst«, erzählt leicht verlegen meine Freundin Luzie, die immerhin zwei hungrige Bestien ernähren muss. Allerdings hat sie auch eine Ganztagsstelle und steht mit ihrem regelmäßigen Monatsgehalt finanziell deutlich stabiler da als der Freiberufler Steffano. Andere sind noch vernünftiger und holen ihre Lebensmittel bei der »Tafel«, die es in vielen Städten gibt. Die ehrenamtlichen Mitarbeiter dort sammeln Lebensmittelspenden und geben sie an Bedürftige weiter. Um dort etwas zu bekommen, muss man seine Bedürftigkeit nachweisen – zum Beispiel mit einem Hartz-IV-Bescheid. »Ach ja, dann gibt es auch noch Einrichtungen, die Lebensmittel davor retten, in den Müll zu wandern, und sie kostenlos an andere verteilen. Hab ich noch nicht ausprobiert, soll aber gerade für Alleinerziehende mit vielen Kindern ein Geheimtipp sein«, erzählt Luzie. »Echt, so was gibt es? Cool, muss ich gleich mal googeln«, staunt Steffanos Tochter Lisa, die unbemerkt dazugekommen ist und an der Küchentür lehnt. Ganz clever, daran erinnerte ich mich in diesem Moment, stellt es auch Mia an. Wenn sie einmal etwas besser bei Kasse ist, kauft sie sogenannte Dauerwaren und legt davon einen Vorrat für schlechte Zeiten an. Auch Lebensmittel, die lange Haltbarkeitsdaten haben, kauft sie dann in größeren Mengen. Zum Beispiel Reis, Nudeln, Kartoffelbrei und Mehl. Ist dann mal Ebbe im Portemonnaie, serviert sie ihren Kindern Gerichte wie »Bratkartoffeln mit Ei im Speckmantel«, »Pikante Schaschlikpfanne«, »Linsen-Eintopf mit Speck« oder »Nudeln à la Bolognese« – alles aus Dosen, deren Inhalt immerhin bis zu zehn Jahre haltbar sein kann. Sogar Brot, Schokoladenkuchen, Dosenkäse und Milchpulver gehören zu diesem Vorrat. Sobald sie kann, füllt sie den Vorrat konsequent wieder auf. Das erzählte ich den anderen jetzt aber nicht – jeder muss schließlich selbst wissen, welche Geheimnisse er seiner Umwelt offenbart. Und die Veganerin Luzie hätte diesem Speiseplan ohnehin nichts abgewinnen können. Sie schwört auf einen großen Sack Kartoffeln, frische Karotten und Äpfel. »Das kostet nicht viel, es lässt sich jede Menge draus zaubern – und gesund ist es auch noch«, versichert sie gerne. Stattdessen sagte ich: »Ich bin ja eher von der bequemen Sorte. Wenn ich mal nicht selbst kochen kann, gehe ich mit Aaron einfach zu Tante Ute, stelle die Ohren auf Durchzug und lasse es mir schmecken!« Man kann ja über Tante Ute denken und sagen, was man will, aber bei solchen Gelegenheiten zeigt sie sich wirklich von ihrer fürsorglichen Seite und packt uns meist sogar noch ein paar Leckereien zum Mitnehmen ein. Dafür sind wir ihr immer sehr dankbar – und lecker ist es auch noch!

24

WIE SIE IHRE ZIELE AN DIE ERSTE STELLE RÜCKEN

Meine Nachbarin Silvie ist ein herzensguter Mensch. Obwohl ihre Söhne bei der Trennung von deren Vater schon acht und zehn Jahre alt waren, trug sie ihnen immer noch alles hinterher, machte sich verrückt, um einen perfekten Haushalt zu führen und alle Standards ihres ehemaligen Ehelebens aufrechtzuerhalten. Ich traf sie oft mit rot geweinten Augen vor Erschöpfung und Traurigkeit im Hausflur. Ab und zu tauschten wir uns schon damals bei einer Tasse Kaffee in ihrer oder in meiner Küche ein bisschen aus. »Mensch Silvie«, sagte ich damals zu ihr: »Es ist toll, was du alles leistest. Aber du musst jetzt vor allem erst mal an dich denken! Teile deine Kräfte ein, schraub deine Ansprüche an ein perfektes Zuhause herunter, das bringt niemandem etwas, auch deinen Jungs nicht!« Gleich kamen ihr wieder die Tränen. Sie hatte leider die unangenehme Angewohnheit, vollgeweinte und vollgeschnäuzte Papiertaschentücher direkt auf dem Küchentisch neben unseren Kaffeetassen zu drapieren. Der Stapel wuchs allmählich an und ermahnte mich stillschweigend, einen Themenwechsel anzustreben, damit sie endlich aufhörte, an diesem Berg aus weißem Zellstofftuch zu bauen. »Du bist jetzt in der ersten Zeit als Alleinerziehende. Da bürdet man sich nicht alles Mögliche auf. Mach eine Liste der Dinge, die unbedingt sein müssen. Kinder versorgen, Wäsche waschen, einkaufen, Essen kochen, ein klein bisschen putzen und fertig. Alles andere kannst du später wieder dazunehmen«, riet ich ihr. »Meinst du echt?«, sie schnaufte ein bisschen, hörte aber immerhin auf zu weinen. Ja, ich meinte genau das. Und in der Folgezeit machte ich einen Scherz daraus, wenn wir uns trafen. »Hast du auch schön brav alles Überflüssige sein lassen?«, fragte ich sie beim Schnellschwatz im Treppenhaus. Und wenn sie in der richtigen Stimmung war, sagte sie zum Beispiel: »Ja klar, diese Woche noch nix gebügelt, und meine Ex-Schwiegermutter schäumt, weil ich einen Termin nach dem anderen mit ihr absage. Aber ich denk mir – jetzt erst mal ab zum Friseur!« – »Gut so«, lobte ich sie dann lachend. »Du machst echte Fortschritte!«

25

WIE SIE IN BEWEGUNG BLEIBEN

Es gibt im Leben von Alleinerziehenden Zeiten, da ist der Weg so voller Verpflichtungen und Sorgen, dass mancher von uns wie erstarrt davorsitzt und gar nicht mehr weiß, wo ein Anfang und wo ein Ende sein könnte. Vielleicht trösten Sie sich in einer solchen Phase erst mal damit, dass dies nicht nur Alleinerziehenden so gehen kann, sondern auch jedem anderen Zeitgenossen. Mir jedenfalls hilft diese Perspektive immer so weit, dass ich tief durchatmen und wieder klarer denken kann. Wichtig ist es jetzt, bloß nicht zu erstarren und den Dingen hilflos ihren Lauf zu lassen. Denn dann entscheiden andere Menschen, der liebe Herrgott und das Schicksal womöglich mehr über Ihren Kopf hinweg, als Ihnen und Ihren Kindern lieb sein könnte. Lassen Sie sich bitte das Steuer nicht aus der Hand nehmen! Die Zauberformel heißt auch in dieser Lage (wie so oft …) »Ein Schritt nach dem anderen«. Also bleiben Sie in Bewegung, und wenn es nur mit dem allerallerallerkleinsten Schritt ist. Es könnte damit beginnen, dass Sie nach gefühlt stundenlangem Grübeln vor Ihrer leeren Teetasse aufstehen und die Tasse in die Küche tragen. Ein Anfang ist gemacht! Welche kleine Winzigkeit könnten Sie heute noch erledigen, um einen Millimeter weiterzukommen? Die machen Sie jetzt.² Und dann hören Sie auf. Erlauben Sie sich wirklich aufzuhören, sonst erholen Sie sich nicht ausreichend für den nächsten Tag. Denn dann gehen Sie den nächsten Millimeter. Wenn zwischendurch das Schicksal mal kurz übernehmen muss, lassen Sie es notfalls zu. Aber greifen Sie zu einer fest definierten Zeit (am selben Tag drei Stunden später oder am nächsten Tag) wieder an. Schritt für Schritt. Sie bestimmen die Regeln! Luzie führt in solchen Zeiten zusätzlich ein »Erfolgstagebuch«, wahrscheinlich hat sie das aus irgendeinem ihrer fünf Millionen Ratgeberbücher gefischt. Trotzdem, ich finde die Idee ganz interessant. Man nimmt ein gewöhnliches Schreibheft (oder als Ästhet eine wunderschöne Kladde mit Einband in der Lieblingsfarbe) und schreibt jeden Abend vor dem Schlafengehen (oder wann man sonst Zeit dazu findet), kleine Erfolge und Glücksmomente des Tages darin auf. »Das erinnert mich immer daran, wie viel Gutes es eigentlich in meinem Leben gibt«, lächelt sie dann gerne engelsgleich. Mit den Kindern hat sie diese Übung auch schon als Spiel gemacht, wenn sie den Eindruck hatte, dass es ihnen nicht so gut geht. Dazu saßen alle zusammen am Küchentisch und durften abwechselnd sagen, was der beste Moment des Tages war. Luzie schrieb es in das Heft. Einmal maulte Robin: »Heute gab es aber nichts Gutes, GAR NICHTS!« und verschränkte seine kleinen Kinderarme zornig vor der Brust. »Mmh«, murmelte Luzie verständnisvoll, »schade, das tut mir aber sehr leid für dich. Dann darf Marie jetzt wieder …« – »Nein, nein warte, ich weiß doch was!«, rief Robin. Die Vorstellung, seine Schwester könnte schon wieder an der Reihe sein, ohne dass für ihn etwas Gutes im Heft eingetragen worden war, gefiel ihm dann doch nicht. »Heute gab es Apfelpfannkuchen in der Mensa!« Luzie nickte anerkennend und zeichnete gut sichtbar für Robin neben ihre Notiz im Heft einen großen Teller mit Apfelpfannkuchen.

→ Praxistipp: Ein gutes Gefühl ist unersetzlich

Auch wenn die Zeiten nicht immer einfach sind, bewahren Sie sich und Ihren Kindern den Kontakt zu Freunden und lieben Verwandten. Sorgen Sie für ein gutes Lebensgefühl, und erlauben Sie sich auch mal schwache oder langsame Momente. So stehen Sie manch schwierige Lage durch und sind für Ihre Kinder der Fels in der Brandung.

KAPITEL IV

GESUND UND MUNTER

Als ich in das Leben als Alleinerziehende startete, war mein Sohn Aaron etwa zweieinhalb Jahre alt. Ich war total abgekämpft nach den letzten höchst unerfreulichen Jahren der Ehe. Meine Partnerschaft hatte unter dem Umzug in eine andere Stadt, der Pflege meiner kranken Schwiegermutter und vielen Teilbaustellen dieses Szenarios erheblich gelitten. Zum Schluss gab es kein Fünkchen Vertrauen mehr zwischen meinem Mann und mir. Ich war so fertig mit den Nerven, dass ich mit dem Kinderwagen unten auf der Straße stand und dachte, ich könne jetzt einfach nie, nie, nie mehr in diese Wohnung hinaufgehen. Ich fühlte mich, als würde mein Herz aussetzen, wenn ich mit dem Kleinen auf dem Arm die Treppen hinaufgehen und mich wieder in das für mich so unerträgliche Zuhause begeben würde. Ein Zuhause, das in dieser Zeit keines mehr für mich war.

26

WIE SIE DEN SCHWIERIGKEITEN IHRER LAGE INS AUGE SEHEN

Ich denke, in diesem oder einem ähnlichen Zustand starten viele von uns in das Leben als Alleinerziehende. Sei es, dass es lange Zeiten des Streits gab, schwierige Familienverhältnisse oder Krankheit und Verlust. Immer dann, wenn das Alleinerziehen mit einer Form von Trennung beginnt, startet man folglich auf einem sehr niedrigen Energieniveau in eine Lebensphase, in der paradoxerweise extra viel Energie gefragt ist. Denn von nun an braucht man oft genug Kraft und Durchhaltevermögen für zwei, und das in der Regel über viele Jahre. Umso wichtiger ist es, von Anfang an etwas für die eigene Gesundheit und die Gesundheit der Kinder zu tun. Denn ohne diese Grundlage besteht die Gefahr, dass sich die Situation mit der Zeit weiter verschlechtert. Entweder, weil man körperlich oder weil man seelisch zu sehr an seine Grenzen kommt. Bei mir hat es trotz der schlechten Startbedingungen fast zehn Jahre gedauert, bis mein Energiepegel und mein Nervenkostüm am Nullpunkt angekommen waren. Das liegt vielleicht daran, dass ich ein unverbesserlicher Optimist bin und selbst im dunkelsten Dunkel immer noch an das Gute und notfalls sogar an Wunder glaube – auch wenn es gerade so gar nicht danach aussieht. Andere Menschen nennen so was auch »naiv« oder »gutgläubig«. Sollen sie doch. Miesmacher waren noch nie mein Fall!

27

WIE SIE IHREN STATUS GNADENLOS AUSNUTZEN

Machen Sie bitte nicht denselben Fehler wie ich in der ersten Zeit als Alleinerziehende und versuchen, auf allen Ebenen jederzeit bestmögliche Ergebnisse zu erreichen. Verabschieden Sie sich am besten sofort mit dem Start in Ihr neues Leben allein mit den Kindern von der Idee, alles könnte so weiterlaufen wie bisher, nur dass Sie eben ohne Ihren Expartner sind. Denn das ist ein Trugschluss, der Sie früher oder später in jede Menge Fallen rennen lässt. Gehen Sie es pragmatisch an und überlegen Sie, in welchen Bereichen Ihres Alltags Sie am ehesten Unvollkommenheit ertragen können. Sie waren noch nie eine Putzfee oder ein Putzteufel, und es reicht Ihnen, wenn eine gewisse Grundordnung und Grundsauberkeit in Ihrer Wohnung herrschen? Sehr gut. Dann belassen

Sie es am besten dabei. Wenn Sie in dieser Hinsicht zu den Perfektionisten gehören, die kein Stäubchen auf dem Sofatisch dulden, denken Sie am besten schon jetzt über eine Putzhilfe nach, oder fragen Sie in Ihrer Verwandtschaft, ob vielleicht jemand in nächster Zeit regelmäßig etwas Zeit, praktische Hilfe oder finanzielle Unterstützung anbieten kann. Mias Onkel Klaus hat ihr sogar mal ein halbes Jahr lang eine Putzhilfe bezahlt, damit sie sich besser nach einem neuen Job umsehen und ausreichend um Paul kümmern konnte. Vielleicht dürfen Sie Tante Beate einmal pro Woche etwas Bügelwäsche vorbeibringen? Oder der pensionierte Onkel Rudi, der ohnehin nur zwei Häuserblocks entfernt wohnt, könnte morgens oder mittags oder abends mit dem Hund Gassi gehen? Wer weiß, vielleicht tun Sie ihm mit dieser Bitte sogar einen Gefallen, weil er mit dieser neuen Aufgabe endlich mal den fürsorglichen Fängen seiner Gattin entkommt. Jede Minute, die Sie auf diese Weise gewinnen, kommt Ihnen und Ihren Kindern zugute und lässt sie alle im Alltag besser zurechtkommen. Solche Dinge rechtzeitig auf den Weg zu bringen kann Sie davor bewahren, in das endlose Hamsterrad der Überlastung zu geraten, in dem leider viele von uns immer mal wieder stecken bleiben. Ein weiterer Punkt sind öffentliche Angebote, die Sie eventuell finanziell besser stellen oder Ihnen bei der Organisation Ihrer zahlreichen Aufgaben helfen können. Nutzen Sie diese Angebote ganz selbstbewusst und ohne Ihre Situation deshalb als negativ zu bewerten. Es gibt eine kostenlose Beratung im Familienzentrum Ihrer Stadt? Prima, gehen Sie doch einfach mal hin. Die Mitarbeiter und Mitarbeiterinnen dort können Ihnen möglicherweise Angebote in Ihrer Region empfehlen, von denen Sie noch nicht gehört haben. Ob Kinderbetreuung, kostenlose Nachhilfe, Nachbarschaftshilfe, öffentliche Zuschüsse oder rechtliche Möglichkeiten – niemand erwartet von Ihnen, dass Ihnen dieses Wissen über Nacht zugeflogen ist und Sie auf einen Schlag wissen, wie Sie am günstigsten mit allem Neuen umgehen. Natürlich werden Sie mit der Zeit feststellen, dass nicht überall, wo

Hilfe und Service draufsteht, auch genau das enthalten ist. Das ist beispielsweise bei so manchem Mutter-Kind-Angebot der Fall. Als mein Sohn gerade ein halbes Jahr alt geworden war, beschloss ich, mich endlich mal wieder im Fitnessstudio blicken zu lassen. Wie praktisch, da gab es sogar einen Mutter-Kind-Kurs »Bauch-Beine-Po« – den würde ich mir nicht entgehen lassen. Dachte ich. Leider stellte sich heraus, dass der gesamte Kurs schon voll mit Kinderlosen besetzt war, die die frühe Anfangszeit superpraktisch fanden, um vor dem Büro schon mal in Form zu kommen. Die jungen Grazien, die hier antrabten, hatten vermutlich von Stützstrümpfen und Schwangerschaftsgymnastik noch nie etwas gehört, geschweige denn von Shapewear für nach der Geburt und anderen sündhaft teuren und zumeist unbequemen Späßen. Da nun weder eine Mutter noch ein Kind in diesem Kurs war, mal abgesehen von der Trainerin, die ebenfalls ihr Baby mitbrachte, wurden diese beiden Elemente einfach aus dem Namen gestrichen. Deshalb hieß er nur noch »BBP-Kurs«. Die Mütter schafften es ohnehin nicht, morgens um halb acht pünktlich auf der Matte zu stehen. Immerhin ist das die Zeit, in der fast alle ihre Kinder in den Kindergarten oder in die Schule bringen. »Wie kann man nur auf die Idee kommen, zu so einer Zeit einen Mutter-Kind-Kurs anzubieten«, empörte sich Mia, als ich ihr von der Misere erzählte: »Wahrscheinlich hat das Studio den Termin nach freien Raumkapazitäten ausgesucht und ohne jeden Sinn und Verstand!« So kam es, dass wir Mütter den anschließenden Kurs »Fit im Ruhestand« besuchten, dessen Trainerin glücklicherweise ein Herz aus Gold für schreiende Kleinkinder hatte und die den Duft frisch gefüllter Windeln großzügig ignorierte. Eines haben wir aus der Sache gelernt: Es muss nicht immer das perfekte Mutter-Kind-Angebot sein. Manchmal hilft auch einfach hingehen, fragen und mitmachen, wann man selbst es am besten einrichten kann.

WIE GEMEIN DIE SÜSSE VERSUCHUNG LOCKT

Eine gute Mutter sollte Leckereien im Alltag nicht grundsätzlich verbieten, jedoch auf eine gesunde Ernährung ihrer Kinder achten. Und jetzt kommt der unangenehmste Teil dieser Aufgabe: Sie sollte mit gutem Beispiel vorangehen. Denn nicht nur jedes Kind liebt es zu naschen, ob salzig ob süß. Für Große und Kleine findet sich immer eine passende Leckerei, die in den Augen der Ernährungswissenschaftler mehr oder weniger TODBRINGEND giftig ist. Gut, viele von uns schaffen es, vernünftig zu leben und den Kindern fast täglich ein gutes Vorbild zu sein. Doch gerade in Krisenzeiten, wenn keine Zeit zum Kochen bleibt und die Nerven mal wieder blank liegen, kann die Lage empfindlich eskalieren. Dann gibt es morgens in der Brotdose ein Schokobrötchen, mittags in guter frischer Butter gebackene Pfannkuchen und nachmittags als beruhigende Nervennahrung einen Schokopudding mit Sahne. Da ist man natürlich abends nicht satt, es folgen Pizza, Popcorn, Chips und Salzstangen – und das am besten vor der Glotze. »Wusstest du eigentlich«, belehrte mich die figurbewusste Mia eines Tages, »dass Fernsehen dick macht? Auch wenn man gar nichts dabei isst!« – »So ein Quatsch«, sagte ich, »Wie soll das denn gehen?« – »Na ja einfach, weil du dich in dieser Zeit nicht bewegst. Sogar Kinder werden deshalb heute schon fett«, sie deutete mit einem Zwinkern in die Richtung unserer Nachbarwohnung, wo bekanntlich Silvie mit ihren Jungs residiert. Ich schmunzelte, fühlte mich aber gleichzeitig auch höchst unangenehm ertappt. Denn mal ehrlich, ich bin abends total kaputt. Soll ich da etwa zum *Tatort* noch Situps machen? »Wieso nicht? Je mehr Bewegung, desto fitter wirst du, auch abends!« beschwor mich Mia. »Und für deinen Sohn bist du damit sogar noch ein tolles Vorbild.«

WIE SILVIE DIE KONSEQUENZEN TRÄGT ODER: WAS PUDDING MIT NEUEN KLEIDERN ZU TUN HAT

Von dieser wahrlich vorbildlichen Lebenseinstellung ist Silvie leider noch Lichtjahre entfernt. Ihr Ernährungschaos ging irgendwann so weit, dass ihre kleine Familie fast nichts anderes mehr aß als Chips, Schokowaffeln und Pudding. Zusätzlich wurden jeden Tag noch drei bis vier Flaschen Limonade geleert. Irgendwann, als auch ihre größte Jeans nicht mehr passte und sie begriff, dass die Jungs mit wachsendem Umfang auch neue Klamotten brauchen würden, wurde Silvie aktiv und stellte eine neue Regel auf: »Süßigkeiten nur von 15 bis 18 Uhr, und für jedes Glas Limonade muss vorher ein Glas Wasser getrunken werden!« Das ging einige Tage gut, aber dann verfiel Silvie leider selbst wieder der süßen Versuchung. Sofort zogen auch die Kinder wieder mit, und Silvie konnte es ihnen nicht verbieten, da sie es leider nicht schaffte, sich an ihre eigenen Regeln zu halten. Sie ahnen es: Nach spätestens zwei Wochen war wieder alles beim Alten. Silvie musste notgedrungen an ihre hart erkämpften Rücklagen gehen, um, wie sie mir damals leicht errötend im Fahrstuhl erzählte, für sich und für die beiden Jungs »mal gründlich die Garderobe aufzufrischen«.

WIE SIE MEHR ENERGIE HABEN

Über diesen Rat werden Sie sich vielleicht wundern. Trotzdem gehört er zu den wichtigsten Dingen, die jede/r Alleinerziehende wissen muss: Seien Sie gut zu sich selbst! Es wird in Ihrer Zeit allein mit den Kindern immer wieder Phasen geben, in denen Sie eigene Bedürfnisse mehr zurückstellen müssen, als auf die Dauer gut ist. Führen Sie deshalb Dinge für sich selbst ein, die Ihnen Kraft geben, und räumen Sie sich immer wieder kleine Inseln zum Auftanken ein. Sie denken, zehn Minuten Hinlegen am Mittag bringt nichts? Irrtum, wenn Sie es jeden Tag tun, werden Sie sich daran gewöhnen und diese regelmäßige Maßnahme dankbar als Mini-Regeneration annehmen. Sie fahren jeden Tag mit der Bahn? Blenden Sie Ihre Bedenken an die Blicke anderer Fahrgäste aus, und schließen Sie einfach mal für ein paar Stationen die Augen (dafür sollten Sie natürlich im täglichen Getümmel einen Sitzplatz ergattert haben …). Was die anderen denken, kann Ihnen jetzt gerade völlig egal sein! Schlaf ist eine der wichtigsten Kraftquellen überhaupt. Ärgern Sie sich also nicht über das miese TV-Programm, versacken Sie nicht vor dem Bildschirm und Tablet, sondern gehen Sie einfach früher schlafen – Sie werden staunen, wie viel das ausmacht. Von vielen immer noch unterschätzt, obwohl wir täglich mit (vermeintlich) neuen wissenschaftlichen Erkenntnissen dazu bombardiert werden: die Ernährung. Von der Qualität Ihrer Nahrung hängt viel ab. Je besser Sie sich und Ihre Kinder ernähren, desto mehr Energie werden Sie haben und desto seltener werden Sie auch krank. Natürlich haben Sie in Ihrer Situation keine Zeit, jeden Tag zwei Stunden lang in der Küche zu stehen und die schönsten Schnittlauchmuster der

Welt auf Ihr durch und durch gesundes Hauptgericht zu zaubern. Aber versuchen Sie sich selbst und Ihren Kindern zuliebe, einen pragmatischen Mittelweg zwischen Fertiggerichten und hochwertigen Nahrungsmitteln zu finden. Vielleicht essen Ihre Kinder mittags ohnehin außer Haus. Dann servieren Sie zu Hause einfach noch frisches Obst und kochen am Wochenende etwas Hochwertiges. Packen Sie in die Schulbrotbox immer ein Stück Obst oder Gemüse. Selbst wenn Ihr Kind nur zweimal in den Apfel beißt oder nur die Hälfte seiner Karotte knuspert, ist schon etwas gewonnen. Wenn Sie sich selbst etwas mit in die Arbeit nehmen, machen Sie es genauso. Ein Apfel gibt mehr Kraft als ein Hefeplunder, ein paar Paprikastreifen mehr Schwung als ein Weißbrot mit fetter Salami. Wenn Sie auf das eine nicht verzichten wollen, essen Sie eben beides. Die Paprikastreifen und der Apfel landen garantiert nicht auf Ihrer Hüfte! Auch noch wichtig für Ihren Energiepegel: Bewegung und frische Luft. Das ist für viele Alleinerziehende ein Problem, weil sie ganz einfach wenig Zeit haben. Warten Sie nicht ab, bis Sie »irgendwann« mal wieder Gelegenheit haben, ein bisschen Sport zu treiben. Bauen Sie die kleinstmöglichen Bewegungseinheiten ab sofort in Ihren Alltag ein. Vielleicht können Sie mit dem Fahrrad zur Arbeit oder zum Einkaufen fahren? Im Büro die Treppe statt des Fahrstuhls nehmen? Mit den Kindern nach der Schule noch eine halbe Stunde in den Park? Probieren Sie es einfach aus. Wenn Sie sich einmal auf den Weg gemacht haben, Möglichkeiten zu schaffen, werden Sie auch welche finden.

WIE KINDER SICH NICHT JEDEN
SCHNUPFEN EINFANGEN

Mit dem Thema Gesundheit werden Ihre Kinder ja schon in Kindergarten und Schule konfrontiert. Da kommt der Schulzahnarzt und
bringt Ihren Sprösslingen bei, wie sie sich am besten die Zähne putzen, das Gesundheitsamt untersucht die Kleinen, ob sie bereit für
die Schule sind. Und gehen in Kindergarten oder Schule mal wieder
die Kopfläuse um, werden sofort alle Eltern mit Informationen dazu
bombardiert, wie sie die lästigen Plagegeister am schnellsten wieder
loswerden. Trotzdem sollten Sie in Sachen Gesundheit auch selbst
aktiv werden und den Kindern schon früh die wichtigsten Basics
beibringen. Aarons Papa schüttelt noch heute den Kopf darüber, wie
penetrant ich unserem Sohn das Händewaschen beigebracht habe.
Sobald man nach Hause gekommen ist, heißt es bei uns »erst mal
Hände waschen«. Aaron ist das schon so in Fleisch und Blut übergegangen, dass er auch Schulkameraden, die nachmittags mit zu uns
kommen, dazu ermuntert. Die sind meistens ein bisschen erstaunt,
machen aber bereitwillig mit. Immerhin hat ihnen das ja kein blö-
der Erwachsener aufgetragen, sondern der eigene Freund. Andere
lästige Pflichten wie das Zähneputzen können Sie schon bei kleinen
Kindern mit witzigen Aktionen verbinden und damit ein bisschen
Spiel und Spaß in die Sache bringen. Wetten, der vierjährige Paul
schafft es nicht, auf einem Bein zu stehen, solange er die Zähnchen
putzt? Oder die sechsjährige Paula schafft es garantiert nicht, die
Zähne ausnahmsweise mit der Erwachsenen-Zahnpasta zu putzen,
weil die nämlich gar nicht nach Erdbeere schmeckt? Gesund bleiben, dafür ist natürlich auch eine gesunde Ernährung wichtig –

manche von Ihnen können das Thema vielleicht schon nicht mehr hören. Trotzdem – wer ein paar kleine Dinge bei der Auswahl der täglichen Nahrung beherzigt, darf sich in aller Regel über ein stabileres Immunsystem und eine bessere Krankheitsabwehr freuen. Und das macht den Alltag gerade bei Alleinerziehenden bedeutend leichter. Jeder krankheitsfreie Tag bedeutet weniger Stress, weniger Organisationsaufwand und damit mehr Zeit und Gelassenheit, die Sie für sich und Ihre Kinder gewinnen.

32

WIE MAN AUCH OHNE STERNEKOCH
GESUND ESSEN KANN

Es war ein Sonntag, an dem Luzie, Mia und ich mit unseren Kindern zusammenkamen, um uns endlich mal wieder in Ruhe zu sehen. Wir Frauen saßen gemeinsam am Frühstückstisch und plauderten, die Kinder streunten durch den benachbarten Stadtpark und hatten ihren Spaß. Jeder hatte etwas zu essen beigesteuert, und so war es kein Wunder, dass wir auch in unseren Gesprächen erst mal beim Essen landeten.

»Puh, ich habe in letzter Zeit viel zu viel Müll gegessen. Merke es schon an meinem Energielevel, nur noch müde und abgespannt!«, berichtete uns Mia. »Das kenne ich, kann ich leider auch ein Lied davon singen«, stimmte ich ein, und dachte reumütig an das üppige Steak mit Kräuterbutter, das ich am Vorabend bei Steffano verzehrt hatte. Es war köstlich gewesen, und der Salat dazu hatte die Sache natürlich entschärft. Trotzdem, ich hing hinterher ganz schön in den Seilen.

Alleinerziehende brauchen eine stabile Gesundheit, denn sie können es sich praktisch nicht leisten, auszufallen. Wer kümmert sich um Ihre Kinder, wenn Sie plötzlich für drei oder fünf Tage nur noch kraftlos im Bett liegen können und – schlimmer noch – eigentlich selbst Unterstützung und Pflege bräuchten. Einige wenige von Ihnen werden vielleicht das nötige familiäre Umfeld haben, die Mutter, Tante oder Oma, die nach Ihnen und den Kindern sehen kann (männliche Verwandte natürlich genauso!). Doch vielen geht es auch so wie mir, und sie haben keine Verwandtschaft, die in der Nähe wohnt. Natürlich können auch Freunde einmal etwas aus der Apotheke vorbeibringen oder eines der Kinder für ein paar Stunden übernehmen. Das reicht aber in aller Regel nicht aus, wenn es Sie einmal wirklich erwischt hat. Sorgen Sie also vor, versetzen Sie sich selbst in einen Zustand bestmöglicher körperlicher Gesundheit, damit Sie weniger anfällig für Krankheiten sind. Sie werden sehen, dass Sie und Ihre Kinder damit auch mehr Energie im Alltag haben.

Eine der wohl wichtigsten Säulen dabei ist die tägliche Ernährung, denn das sind schließlich die Energielieferanten, die Sie Ihrem Körper zur Verfügung stellen. Luzie würde hier schon einmal einhaken und sagen, dass es natürlich nicht nur Nährstoffe für den Körper sind, sondern dass Nahrungsmittel auch unsere Stimmung positiv beeinflussen können. Sie alle kennen es – ein Stückchen Schokolade hebt die Stimmung. Eine Banane aber genauso. Eine Tasse warme Milch mit Honig ebenfalls, auch Kräuter wie Basilikum und Borretsch sind bekannt dafür, zur guten Laune beizutragen.

Darüber hinaus sind es eben die hochwertigen Nahrungsmittel, die Ihnen langfristig Kraft und Ausdauer verleihen – und die Sie in die Lage versetzen, Ihren Zielen mit viel Elan und ohne allzu viele Ermüdungserscheinungen nachzugehen. Und dazu müssen Sie weder Hunderte von Euro im örtlichen Nobelbiomarkt verschleudern, noch täglich Grünkernbratlinge mit Tofusoße essen oder eine waschechte Veganerin werden wie Luzie. Es geht auch mit einer ausgewogenen Mischkost, die – wahrscheinlich können Sie es schon nicht mehr hören – möglichst wenig Fertiggerichte enthält, dafür umso mehr frisches Gemüse, frische Kräuter und ab und an ein Stück Obst. Hochwertige Proteine ziehen Sie am besten aus Eiern, Fisch und proteinreichen Gemüsen. Wer sich und die Kinder langfristig gesund erhalten möchte, achtet darüber hinaus auf eine Ernährung, die hauptsächlich aus basischen oder basenbildenden Lebensmitteln besteht: Gemüse, Salat, Sprossen und Kräuter. Nahrungsmittel, die Ihnen und den Kindern Energie rauben, sind alle Formen von Süßigkeiten und Backwaren, Weißmehlprodukte wie helles Brot und Nudeln, Fleisch, Wurst, Limonaden, ein Zuviel an Obstsäften und Milchprodukten.

Ein Beispiel für die Folgen einer solchen Ernährung ist leider meine liebe Nachbarin Silvie, deren Wohnung zwar fast immer blitzeblank geputzt und aufgeräumt ist, die aber nach dem Putzen keine Muße mehr hat, Gemüse zu schnippeln und Salatsoße anzurühren. Da gibt es dann eben mal wieder (wie schon seit Tagen) ein leckeres Gericht aus der Dosensammlung. Heute: Hühnersuppe mit Nudeln. Silvie war natürlich auch ein Thema in unserer Frühstücksrunde. »Hab sie kürzlich im Treppenhaus getroffen, Mann, die hat aber ganz schön zugelegt!«, meinte Luzie Augen rollend. Was Silvie wahrscheinlich nicht weiß: Man muss für eine Energie spendende, gesundheitsfördernde Ernährung weder stundenlang in der Küche stehen, noch zum Ernährungsguru werden oder auf Schmackhaftes verzichten. Es ist schon ein guter Anfang, wenn man sich ein paar alltagstaugliche Rezepte mit frischen Zutaten heraussucht, die einem selbst und den Kindern schmecken. Wer dabei ein gutes Gleichgewicht in der Auswahl der Nahrungsmittel erreicht, kann bedenkenlos dann und wann ein Stück Kuchen oder eine Handvoll Gummibärchen verdrücken.

33

WIE SIE IHREN STRESSPEGEL SENKEN

Stress ist kein Privileg der Alleinerziehenden, für viele gehört es fast schon zum guten Ton, gestresst zu sein. Da ist es quasi selbstverständlich, im Job Tonnen von Überstunden zu schieben, in der Freizeit ständig auf Achse zu sein und permanent neuen, meistens – kurioserweise – selbst gesetzten Zielen hinterherzueilen. Trotzdem ist es gerade bei Alleinerziehenden wichtig, zumindest den negativen Stress zu reduzieren, damit Sie auf lange Sicht gesund und munter bleiben. Denn negativer Stress brennt aus und kann über längere Strecken sogar dazu beitragen, dass wir ernsthaft krank werden.

Natürlich gibt es auch einen positiven Stress, und den finde ich gar nicht so schlecht. Das sind bei mir zum Beispiel Zeiten, in denen ich zwar viel um die Ohren habe, die Sache aber läuft und es mir gar nichts ausmacht, viel Energie zu investieren. Dann bekomme ich die Kraft, die ich in eine Sache hineinstecke, quasi gleich wieder als positives, motivierendes Erlebnis zurück. Von diesem Stress brauche ich also nichts abzustellen. Belastend ist aber der negative Stress, der entsteht, wenn ich befürchte, bestimmte Dinge nicht zu schaffen, Angst vor bestimmten Situationen bekomme und der Druck unerträglich wird. Dann gilt es herauszufinden, wo dieser Stress genau herkommt – und ihn so gut wie möglich herunterzufahren oder sogar komplett auszubremsen.

Versuchen Sie also in einer ruhigen Minute einmal gedanklich einzukreisen, was Sie eigentlich stresst. Sind es positive Dinge und Sie haben sich vielleicht einfach nur ein bisschen zu viel aufgehalst? Dann wäre es an der Zeit, dass Sie Ihre To-do-Liste ein bisschen entrümpeln und überlegen, wo Sie ein paar Verschnaufpausen für sich und gegebenenfalls auch für die Kinder einbauen. Ist es negativer

Stress, der zum Beispiel durch das ständige Rennen im Hamsterrad aus Job, Kinder versorgen, Finanzen regeln, Streitigkeiten mit dem (oder der) Ex und ähnlichen Dingen besteht? Dann überlegen Sie zunächst, was davon der größte Brocken ist und Ihnen am meisten zu schaffen macht. Wie können Sie hier für Entlastung sorgen? Gibt es jemanden, der Ihnen dabei helfen kann? Muten Sie sich damit zu viel zu und sollten zu bestimmten Menschen, Situationen oder Aufgaben künftig ganz einfach »Nein« sagen? Natürlich kann man diesen Punkt nicht in einem Aufwasch und einmal für alle Zeiten erledigen. Aber oft hilft es schon, sich die Dinge bewusst zu machen, um allmählich wirksame Veränderungen herbeizuführen. Darüber hinaus ist es hilfreich, wenn man in seinen Alltag genügend Puffer einbaut, die dabei helfen, Stress abzubauen – zum Beispiel regelmäßige Bewegung und Sport – oder die dabei helfen, neu aufzutanken. Zum Beispiel ein freier Nachmittag in der Woche oder am Wochenende, an dem Sie etwas Gutes für sich tun. Ob alleine entspannen, sich mit Freunden treffen … Sie entscheiden, was Ihnen Freude macht und Sie mit neuer Energie versorgt.

34

WIE SIE DIE WELT AUS DER SICHT IHRES KINDES SEHEN

Kinder haben eine wunderbare Möglichkeit, sich ihre eigene Welt zu schaffen: Sie haben Fantasie. Das heißt nicht einfach nur, dass sie sich – wie manche Erwachsenen immer noch denken – sinnlose Dinge ausdenken. Nein, die Fantasiewelt ist wichtig, um die eigenen Erlebnisse innerlich zu verarbeiten und sich einen eigenen Raum dafür zu schaffen, in den andere nur dann Zutritt haben, wenn das Kind es ihnen erlaubt. Lassen Sie sich doch auch einmal auf die Fantasiewelt Ihrer Kinder ein. Sie werden staunen, um wie viel besser Sie dann Ihre Kleinen verstehen. Denn in dieser Welt lässt sich vieles von der schnöden Logik der realen Welt ganz einfach außer Kraft setzen. Ich denke da an Mias kleinen Paul, der sich zu Fasching heiß und innig ein echtes Feuerwehrkostüm wünschte. Mia wollte es ihm eigentlich nicht kaufen. »Wir haben doch genug Zeug zum Verkleiden zu Hause, da basteln wir dir was draus …«, argumentierte sie mit ihrem Vierjährigen. Aber der konnte ihre Meinung ganz und gar nicht teilen. Nein, nein, nein, dieses eine Feuerwehrkostüm aus dem Geschäft sollte es sein! Er machte Anstalten, im Geschäft eine echte, laute Szene heraufzubeschwören. Schon wurde seine Stimme etwas lauter und etwas quengeliger, er zerrte an Mias Arm, und Tränen traten in seine Augen. »Aaaalso gut, du hast gewonnen. Aber nur ganz, ganz ausnahmsweise!«, sprach Mutter Mia. Das Outfit war ja wirklich ganz niedlich … Gesagt, getan, Paulchen bekam sein »echtes« Feuerwehrkostüm und ging am Faschingstag über alle Maßen glücklich damit in die Kita. Doch wie groß war Mias Erstaunen, als Sie ein paar Stunden später kam, um ihren kleinen Kerl abzuholen. Sie hatte sich unterwegs schon ausgemalt, wie er stolz von seinem Auftritt als Feuerwehrmann erzählen würde und davon, was die anderen Kinder zu seinem Kostüm gesagt hatten. Doch weit gefehlt. Als die Erzieherin ihr die Tür öffnete, sagte sie: »Paulchen ist grad noch beim Kinderschminken, er kommt aber gleich.« Mia wartete. Ja, da hatten sie ihm sicherlich ein bisschen dunkle Farbe als Rußmal auf die Wange gezaubert. Doch Paulchen dachte gar nicht daran, seiner Rolle treu zu bleiben. Euphorisch und mit hohen Luftsprüngen rannte er auf seine Mutter zu, drehte sich mit ausgebreiteten Armen im Kreis und rief: »Schau, Mama, was ich kann, ich bin eine echte PRIMABALLERINA!«

»Vielleicht sollte ich darüber nachdenken, für Paulchen mehr männliche Vorbilder in unser Leben zu bringen«, meinte Mia später nachdenklich, als wir über dieses Erlebnis sprachen. »Immerhin sieht Paul seinen Vater nur alle 14 Tage für ein Wochenende.

Und sonst immer nur überall Erzieherinnen, Kinderärztinnen, Kindermädchen, zu Hause nur die Mama – wie soll ein Junge da seine männliche Seite entwickeln?« Diese Gedanken hatte ich mir auch schon über meinen Sohn gemacht. Angeblich, so stand es in den Elternratgebern geschrieben, beginnen Jungen schon ab dem sechsten Lebensjahr damit, ihre männliche Seite zu entwickeln. Und spätestens von diesem Zeitpunkt an würde es wichtig sein, je nach Häufigkeit der väterlichen Engagements zusätzlich für entsprechende Vorbilder zu sorgen. Da Paulchen zu diesem Zeitpunkt erst vier Jahre alt war, würde es Mia also reichen, wenn sie diesen Schritt allmählich vorbereitete. Und so war sie hocherfreut, als nur wenige Wochen später ein männlicher Praktikant in den Kindergarten kam, der sich bevorzugt um die Jungen kümmerte.

35

WIE SIE DEN STRESSPEGEL DER KINDER SENKEN

Schon an kleine Kinder werden immer höhere Anforderungen gestellt. Am besten, man meldet sie als Baby gleich mal im zweisprachigen Kindergarten an, damit sie von Anfang an richtig gefordert und gefördert werden. Auch in der Freizeit und später in der Schule gilt heute fast überall das Leistungsprinzip, an dem sich mittlerweile schon die Kinder untereinander messen. Dann heißt es frei nach dem Motto »Mein Haus, mein Auto, mein Swimmingpool« schon bei 13-Jährigen: »Stell dir vor, ich habe im Tenniswettbewerb den Pokal gewonnen, und morgen werde ich im Musikwettbewerb bestimmt auch noch einen Preis abräumen. Wetten, dass du noch nie einen Pokal gewonnen hast?« Neben dem überall immer wieder wichtigen Humor, der eine wichtige Distanz zu den scheinbar ständig dringenden Alltagsanforderungen schafft, achten Sie bitte auch darauf, dass Ihre Kinder sich altersgerecht entwickeln dürfen und nicht wie kleine Erwachsene von einem Leistungsziel zum nächsten getrieben werden. Psychologieexpertin Luzie hat es für ihre Zwillinge Marie und Robin zur Maxime erklärt, dass diese an mindestens zwei Nachmittagen in der Woche keine zusätzlichen Verpflichtungen haben sollen. Zeit, um etwas mit Freunden zu unternehmen, oder auch, um zu träumen und einfach mal nichts zu tun.

36

WIE SIE FÜR SICH UND IHRE KINDER EINE ECHTE FAMILIENATMOSPHÄRE SCHAFFEN

Wenn Partnerschaften mit Kindern auseinanderbrechen, benötigt der Elternteil, bei dem die Kinder wohnen, die größere Wohnung. Ideal ist es, wenn die Kinder in der bisherigen Bleibe und in ihren gewohnten Zimmern bleiben können. Das gibt ihnen Halt und eine Möglichkeit, sich vor all dem Neuen in ihrem Umfeld dann und wann zurückzuziehen. Versuchen Sie als Mutter oder Vater, durch den Auszug Ihres Partners keine allzugroßen Lücken in der Wohnung entstehen zu lassen. Es ist weder für Sie noch für die Kinder hilfreich, wenn an dem Platz, wo früher Papas Computertisch stand und er als Ansprechpartner für die Kinder aufzufinden war, nun plötzlich permanent der Staubsauger steht oder sich Kisten stapeln, die Papa »bei Gelegenheit« noch abholen will. Bringen Sie die Kisten irgendwo unter, wo Sie und die Kinder nicht jeden Tag daran vorbeilaufen müssen, und stellen Sie an den Platz von Papas Tisch etwas, was für alle Sinn macht. Ein kleines Regal, in dem auch Kinderbücher und Spiele untergebracht sind, das Telefonschränkchen oder etwas anderes, was für alle mit einem positiven Nutzen verbunden ist. Auch wenn Sie umziehen mussten, versuchen Sie die neue Wohnung für sich und die Kinder als gemütlichen persönlichen Rückzugsort zu gestalten, an dem jedes Kind sein eigenes Zimmer oder zumindest seinen eigenen kleinen Bereich hat, um zu spielen und sich zu entspannen.

Wenn Sie jetzt noch kleine Rituale schaffen wie das gemeinsame gemütliche Sonntagsfrühstück, die abendliche Vorlesestunde oder eine besondere gemeinsame Unternehmung an einem bestimmten Wochentag, haben Sie einen zuverlässigen Rahmen, der den Kindern auch innerlich Halt gibt.

So entstand bei uns zum Beispiel einmal das Ritual, dass es jeden Donnerstag Bratwürstchen mit Sauerkraut zum Mittagessen gab. Und warum? Weil die Großmutter im Kinderbuch *Räuber Hotzenplotz* diese Köstlichkeit dem Kasperl und dem Seppl ebenfalls jeden Donnerstag servierte. Natürlich sehr zur Freude von Räuber Hotzenplotz, der sich einmal ganz allein über die gesamte Mahlzeit hermacht und es sich richtig gut schmecken lässt. Hatte ich einmal nicht daran gedacht, erinnerte mich Aaron schon morgens daran: »Und denk dran, Mama, heute ist Donnerstag, da gibt es Bratwurst mit Sauerkraut!«

Ein Wohlfühlfaktor, den ich lange Jahre total unterschätzt habe, sind auch Haustiere. Wir sind relativ spät damit eingestiegen, und zunächst gab es ein Aquarium. Das war zwar am Anfang ganz interessant, aber Fische kann man eben nicht streicheln, mit ihnen kuscheln oder mit ihnen spielen. Ganz anders wurde das, als unsere beiden Katzen zu uns kamen. Natürlich machen die zwei auch Mühe und verursachen Kosten, dennoch freuen wir uns täglich daran, dass sie da sind. Aaron nimmt die Katzen auf den Arm, spielt mit ihnen, oder die beiden legen sich in seinem Zimmer zu ihm und leisten ihm Gesellschaft. Er selbst war es, der eines Tages sagte: »Mit den Katzen zusammen sind wir eine richtige kleine Familie, Mama, findest du nicht auch?«

37

WIE SIE UND IHRE KINDER
IMMER ETWAS ZU LACHEN HABEN

Wenn wir als Alleinerziehende unser Pensum schaffen wollen, kann uns im Alltag immer wieder ganz entscheidend der Humor abhandenkommen. Dann geht es plötzlich im gemeinsamen Leben mit den Kindern nur noch um »Hast du schon die Hausaufgaben erledigt?«, »Wann räumst du endlich dein Zimmer auf?«, »Warum hast du noch immer nicht die Dankeschönkarte an Oma und Opa geschrieben?« und so weiter, Sie kennen das Lied. Und dazwischen immer wieder das »Beeil dich doch mal«, »Nein, jetzt nicht!« und »Lass das doch bitte!«. Nicht besonders spaßig. Und wenn der Tag abends geschafft ist, haben Sie innerlich schon den nächsten Morgen vor Augen und die Vielzahl an To-dos, die natürlich wieder in derselben Manier abgearbeitet werden. Lassen Sie nicht zu, dass Ihr Alltag Sie und Ihre Kinder so in die Mangel nimmt, und schaffen Sie eine echte Familienatmosphäre. Ob Eineltern- oder Zweielternfamilie – Sie sind eine FAMILIE, selbst wenn diese ausschließlich aus Vater und Kind oder Mutter und Kind besteht. Luzie hat bei sich zu Hause einmal den »Meckerfreien Tag« eingeführt. Jeden Montag galt für Mama, Kinder und sogar für Besucher die Regel: Gemeckert wird nicht! Vergaß das jemand, wurde er von den anderen sofort daran erinnert. Darüber hinaus helfen natürlich Liebe und Wohlwollen, den Alltag nicht zum Trampelpfad der Gefühle werden zu lassen. Denken Sie vor der Ermahnung Ihrer Kinder daran, wie diese sich mit Ihren Worten fühlen werden, und treffen Sie so gut es geht den richtigen Ton. Natürlich dürfen auch und gerade Sie einmal die Nerven verlieren – aber bitte nicht zu oft! Lachen Sie lieber über ein Missgeschick, sei es das eigene oder eines

Ihrer Kinder. Mein Maßstab, wenn ich merke, dass mir gerade die Fassung abhandenkommt: Wen interessiert das hier eigentlich noch in zehn Jahren? Dabei komme ich in 99,9 Prozent der Fälle zu der erleichternden und gelegentlich sogar erheiternden Antwort: niemand!

→ Praxistipp: Wohlfühlen erwünscht!

Setzen Sie gerade in der ersten Zeit des Alleinlebens mit den Kindern den Wohlfühlfaktor an allererste Stelle. Denn je besser Sie und die Kinder sich fühlen, desto besser kommen Sie auch mit der Umstellung und allem Neuen in Ihrem Leben zurecht. Lockern Sie die strengen Maßstäbe an Dinge, die »geschafft werden müssen«. Natürlich lassen Sie die Zügel nicht schleifen, aber ein kleiner Trab zwischendurch, Entspannung und Humor, sind jetzt für alle Gold wert.

KAPITEL V

ALLES IST NEU

Wenn alles neu ist und Sie vor lauter Stress und innerer Unruhe kaum noch ein Auge zubekommen, gilt es in eigener Sache aktiv zu werden. Oft genug machen unnötige Kleinigkeiten die Lage sogar noch schwieriger. Denn wenn einen nicht die Kinder mitten in der Nacht aufwecken, weil Monster verjagt werden müssen oder andere Heldentaten anstehen, dann absolviert garantiert die örtliche Feuerwehr eine Nachtübung mit der gesamten Einsatzflotte – und zwar genau vor Ihrem Schlafzimmerfenster. Für all diese Dinge gibt es nur einen Ausweg: Sie müssen einfach ab und zu konsequent nur auf sich achten und auftanken. Vor allem, wenn Sie noch Babys oder Kleinkinder haben, brauchen Sie Schlaf, um tagsüber durchzuhalten.

38

WIE SIE ENDLICH WIEDER EIN AUGE ZUBEKOMMEN

Ich habe mich in diesen Zeiten so oft es ging abends gleichzeitig mit meinem Kind zur Ruhe gelegt, um viel vom erholsamen Nachtschlaf zu ergattern. Das hat natürlich bei meinen Freunden auch für Lacher gesorgt. Wie etwa an dem Tag, an dem Steffano mit Lisa um 19:00 Uhr vor der Tür stand und ich im nächtlichen Longshirt und der Zahnbürste im Mundwinkel die Tür öffnen musste. Steffanos Fassungslosigkeit stand ihm ins Gesicht geschrieben: »Ähm, bist du etwa krank oder so?« – »Nee, ich geh jetzt schlafen«, informierte ich ihn schnell. »Ah verstehe, du hast bestimmt Besuch, da in deinem Schlafzimmer …«, er deutete verschwörerisch auf meine Schlafzimmertür. »Stimmt, das wäre auch mal eine Idee, aber nein, auch das ist es nicht«, antwortete ich. »Und wir dürfen wirklich nicht reinkommen?«, fragte Lisa enttäuscht. »Tut mir leid, meine

Liebe. Aber wie gesagt ...« Ich glaube, die beiden haben nie wieder um diese Zeit spontan geklingelt, sondern seitdem immer vorher eine SMS geschickt, ob es denn auch passt. Meine Freundin Mia ging sogar noch einen Schritt weiter und legte sich in schweren Zeiten einfach jeden Abend so früh schlafen. Sie sah tatsächlich von uns jungen Müttern am erholtesten aus und hatte tagsüber sichtbar mehr Energie. Diese Angewohnheit stoppt ganz nebenbei auch das böse Gedankenkarussell, das zu nächtlicher Stunde so gerne für langes Wachliegen sorgt.

39

WIE SIE DEN TAG MEISTERN, WENN SIE ENDLICH MAL WIEDER AUSGESCHLAFEN HABEN

... machen Sie bitte nicht denselben Fehler wie ich: Erledigen Sie nicht das Dreifache Ihres normalen Tagespensums, fühlen Sie sich nicht wie Superwoman (oder Superman), und geben Sie auch nicht vor, Superwoman (oder Superman) zu sein. All das katapultiert Sie nämlich genau dorthin, wo Sie gerade herkommen: in die totale Übermüdung. Und der ganze Kreislauf beginnt von Neuem. Nein, genießen Sie das Gefühl unbändiger Kraft, absoluter Klarsicht und Souveränität. Wer weiß, wann es wieder so weit ist, dass Sie ausschlafen können. Behalten Sie die wertvolle Energiereserve für sich, und zapfen Sie sie nicht sofort wieder an. Niemand kann im Voraus sagen, ob vielleicht in der nächsten Nacht wieder Monster verjagt oder Teenies aus der örtlichen Disco gerettet werden müssen, weil sie urplötzlich die Gabe des Uhrenlesens, ihren Fahrradschlüssel oder die Erinnerung an ihr Zuhause verloren haben. Man kann nie wissen!

WIE SIE DEN TAG MEISTERN, WENN SIE TROTZ ALLEM ZU WENIG GESCHLAFEN HABEN

Ein weiteres höchst unwillkommenes Phänomen im Leben der Alleinerziehenden ist es, früh ins Bett gegangen zu sein, weder Monster gejagt noch Teenies gerettet zu haben und dennoch am nächsten Morgen aufzuwachen wie gerädert. Ich habe dafür keine plausible Erklärung, aber solche Tage kommen vor. Sie hatten sich schon darauf gefreut, frisch mit Tiefschlaf gestählt der Welt entgegenzustrahlen – und dann die totale Erschöpfung. Mia ist dieses Problem höchst fachmännisch angegangen. In einer freien halben Stunde hat sie sich im Internet sämtliche Tipps gegen den Partyblues herausgesucht und nutzt an Tagen wie diesen einfach den Rat, der ihr trotz Müdigkeit zuerst einfällt. »Viel Wasser trinken«, ist einer ihrer Lieblingstipps: »Das bringt die grauen Zellen auf Trab!« – »Also ich brauche an so einem Morgen erst mal ein gescheites Frühstück, am besten mit Käsebrötchen, Ei und Kaffee«, wende ich ein. »Oh nein, meine Liebe, KEINE Kohlenhydrate!«, ruft Mia mir dazwischen. »Dafür braucht dein Körper viel zu viel Energie …« – »Okay, das mag sein. Aber ich liebe mein Käsebrötchen am Morgen. Und Dinge, die ich liebe, bringen mich in Schwung.« – »Also gut«, lenkt sie ein: »Aber für den Rest des Tages ist dann Schluss mit Brötchen, Pizza und Pasta.« Und ganz unabhängig von allen Ernährungstipps: Lassen Sie an solchen Tagen einfach das Superpensum weg und erledigen Sie nur das Allernötigste. Der nächste Kraftschub kommt bestimmt! Ich habe festgestellt, dass es sogar den Kindern guttut, wenn sie Mama oder Papa mal nicht im Turbogang erleben. Es ist ganz wichtig für sie zu sehen, dass auch

Sie ab und zu einen »schwachen« Tag haben. Sagen Sie also auch, wenn einer Ihrer Sprösslinge mal schwächelt, ruhig: »Na gut, dann machst du heute eben nur das, was unbedingt sein muss!«

WIE SIE ES SCHAFFEN, NICHT MEHR TÄGLICH AN IHRE TRENNUNG ZU DENKEN

Viele Menschen schwören ja auf mehr Arbeit, wenn sie der Trennungsschmerz plagt. Ich kann diesem Konzept so rein gar nichts abgewinnen. Noch mehr Arbeit? Nein, danke. Deshalb habe ich mir eine Liste mit allen Dingen gemacht, die mir richtig guttun und Spaß bringen. Nun können Sie einwenden, papperlapapp, für so was hat man doch gar keine Zeit! Recht haben Sie. Aber schließlich kann man bei echtem Trennungsschmerz auch nicht gerade Wundertaten vollbringen. Die Dinge auf der Liste können alles sein. Ein Ausflug mit den Kindern, Kino, Theater, Konzert, ein Saunabesuch, eine Extrarunde Sport oder einfach mit Freunden zum Italiener gehen und ausnahmsweise nicht aufs Geld schauen. Versuchen Sie, nicht über die Trennung zu sprechen, sondern sich auf anderes zu konzentrieren. Das ist nicht immer ganz einfach, bringt aber die Dinge in Ihr Leben, die Sie jetzt brauchen. Und das ist eben NICHT der oder die Ex. Lassen Sie sich auch auf Nachfragen von Freunden oder Verwandten bloß nicht dazu hinreißen, das Ende Ihrer Beziehung immer wieder in allen Einzelheiten und blühenden Farben zu schildern. Das sorgt nur unnötig für ein Aufflammen von Erinnerungen und schlechten Gefühlen. Lassen Sie die Vergangenheit ruhen, und legen Sie, falls vorhanden, Ihre negativen Gefühle ab. Die brauchen Sie jetzt nicht mehr! Fassen Sie den Status kurz und knapp zusammen, und wenden Sie sich wieder anderen Dingen zu. Mia hat dafür eine eigene Formulierung, die sie ohne noch groß nachzudenken bei Bedarf abspult: »Ach, wir hatten uns einfach auseinandergelebt. Schade, aber so ist es.« Dieses Statement kann natürlich je nach Situation auch noch wertvolle Zusatzinformationen beinhalten. Wenn zum Beispiel ein potenzieller Liebhaber in Sicht ist, lautet es: »Ach, er hat mich einfach nicht mehr so interessiert. Schade, er ist immer noch abgöttisch in mich verliebt, aber ich brauche einfach jemanden, der mich WIRKLICH versteht!« Bei den letzten Worten knöpft sie gerne ihre Oberweite auf, streicht sich durchs Haar oder … Sie verstehen schon.

42

WIE SIE DAS SINGLEDASEIN ÜBERLEBEN

Singles haben viele unschlagbare Vorteile. Schon allein deshalb kann man sich in der vielleicht unfreiwillig entstandenen Singlezeit durchaus wohlfühlen. Denn eine gut funktionierende Partnerschaft bringt zwar viel Gutes, ist aber auch aufwendig. Egal, ob der neue Partner voll mit einsteigt und Verantwortung übernimmt oder ein »Teilzeit«-Partner mit gelegentlichen Besuchen ist.

Ich habe es ausprobiert – mit und ohne neuen Partner. In Singlezeiten genieße ich es, mich nicht über jeden Flohhüpfer mit einem Partner abstimmen zu müssen. Ich kann alleine oder zusammen mit meinem Kind entscheiden, wie wir das Wochenende gestalten. Ich habe mehr Zeit, als wenn ich mich zusätzlich um einen Partner und womöglich einen Haushalt mit einer weiteren Person kümmern würde. Natürlich, jeder kennt den Moment, in dem das alles auf einmal unwichtig erscheint. Irgendwann träumt jede und jeder Alleinerziehende davon, wieder auf Wolke Sieben zu schweben oder, so ganz vertraut nach 20 Jahren Beziehung, gemeinsam in den Tag zu starten. Aber das ist ja das Schöne: Sie werden es höchstwahrscheinlich sowieso irgendwann. Also genießen Sie jetzt alles Gute in der Singlezeit. Die nächste Partnerschaft kommt bestimmt. Und wer weiß – vielleicht werden Sie sich dann sogar das eine oder andere Mal zurücksehnen zu den vertrauten Abenden, an denen Sie mit Ihren wunderbaren Kindern gekuschelt und vorgelesen haben, solange es allen Freude gemacht hat. Luzie ist in diesem Punkt ja ganz rigoros: »Solange die Kinder bei mir leben, lasse ich mich auf keinen festen Partner mehr ein«, grinst sie frech. Ein kleiner Flirt dann und wann darf es aber dann auch bei ihr sein. Die Kinder sind schließlich mal beim Vater oder bei der Oma – und dann wirft sie sich in Schale und geht aus! Steffano sieht die Dinge ganz nüchtern. »Es ist statistisch erwiesen: Menschen in einer Partnerschaft haben weniger Stress und leben länger«, behauptet er. Und diese Statements lässt er ganz zufällig immer dann fallen, wenn er mal wieder eine potenzielle Liebschaft im Visier hat. Er hat sogar schon probiert, eine vielversprechende neue Partnerin zu Hause einzuführen. Aber trotz aller Mühen, das Interesse seiner Tochter an der neuen Gefährtin zu wecken, landete er einen Flop. Lisa gelang es, die durchaus verständnisvolle Gefährtin ihres Vaters mit Eifersuchtsszenen und Teenagergehabe in kürzester Zeit in die Flucht zu schlagen. Das war eine schwere Zeit für ihn, in der er zum Glück den Mut hatte, mit uns Freundinnen über seine Probleme zu sprechen. Chefpsychologin Luzie war es schließlich, die ihn überzeugen konnte. »Du musst Lisa klarmachen, dass deine Liebe zu ihr nicht weniger wird. Sie ist alt genug, um zu verstehen, dass die Liebe zum eigenen Kind etwas völlig anderes ist als die Liebe zu einer Partnerin oder einem Partner.«

Steffano befolgte ihren Rat, mehr noch, er war so ermutigt, dass er schon wenige Wochen später eine neue Liebschaft anschleppte:

Christiane, eine zierliche Rothaarige mit knallblauen Augen und jeder Menge Feuer für ihren neuen Verehrer. Lisa probierte es mit ihren erprobten Methoden. Die Neue nur mürrisch begrüßen, ohne sie anzusehen, auf Fragen nur genervt die Augen zu verdrehen oder ein Glas Orangensaft über Christianes Handy zu verschütten, das nun fast täglich ganz selbstverständlich auf dem Couchtisch lag. Doch diesmal griff Steffano ein. Als Lisa eines Morgens am Frühstückstisch mit Blick auf Christiane sagte: »Die will ich hier nicht mehr sehen!«, antwortete er standhaft: »Dann musst du wohl die Augen zumachen, sie wird nämlich jetzt öfter hier sein.«

➜ Praxistipp: Bloß kein Provisorium!

Plötzlich alleinerziehend zu sein, bringt viel Neues und jede Menge zusätzliche Verantwortung mit sich. Da bietet es sich an, diesen Zustand permanent als vorübergehend zu betrachten und das Leben an allen Ecken mit provisorischen Lösungen zu gestalten. Das tut aber niemandem gut – weder Ihnen noch den Kindern. Beschließen Sie, die guten Seiten dieser neuen Lebenssituation zu erkennen, und richten Sie sich so darin ein, dass Sie alle sich gut fühlen können.

KAPITEL VI

UMGANG MIT EXPARTNERN

Während Sie jedem anderen Partner aus einer verflossenen Liebschaft nach Belieben »Auf Nimmerwiedersehen!« hinterherrufen können, sind Sie als Mutter oder Vater eines Kindes praktisch lebenslang mit dem ehemaligen Partner in Verbindung. Denn eines der wichtigsten Merkmale von Alleinerziehenden, die ihren Status einer Trennung verdanken, ist der Kontakt zum Expartner oder zur Expartnerin. Wie lange der Kontakt bestehen bleibt und wie Sie ihn gestalten, das hängt natürlich von Ihren ganz persönlichen Lebensbedingungen ab. Dennoch sollten Sie so gut wie möglich darauf hinwirken, dass Ihre Kinder einen regelmäßigen Kontakt zum anderen Elternteil pflegen können. Modelle, wie so etwas ablaufen kann, gibt es viele. Während jüngere Kinder in der Regel ausschließlich bei der Mutter wohnen und den Vater stundenweise, später auch mal ganze Wochenenden sehen, gibt es auch Modelle, bei denen größere Kinder regelmäßig zwischen beiden Elternhäusern pendeln. Dann sind sie zum Beispiel für 14 Tage beim Vater und anschließend für 14 Tage bei der Mutter. Ich muss zugeben, dass ich diesem Modell eher skeptisch gegenüberstehe. Aber das mag an unserer individuellen Situation liegen. Ich habe auch schon von Familien und Expartnern gehört, bei denen das gut funktioniert und die Kinder sich mit dieser Regelung wohlfühlen.

43

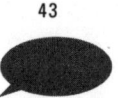

WIE SIE (AM BESTEN NICHT) AUF SCHWIERIGE KINDERFRAGEN ANTWORTEN

Noch unangenehmer ist es, wenn der Expartner ohne lange zu fackeln schon wieder eine frische Beziehung hat. Womöglich gründet er gerade sogar ein neues gemeinsames Zuhause, oder die Neue erwartet gaaaanz zufällig schon ein Kind von ihm. Das bringt nicht nur schlaflose Nächte und grauenhaft verletzte Gefühle, auch den Kindern ist es nicht leicht beizubringen. Was, wenn Papa jetzt plötzlich bei Laura wohnt und das auch noch ganz normal zu finden scheint? Und diese Laura ist natürlich auch total entspannt, hübsch und sooo lieb zu den Kindern, einfach zauberhaft! Oder, wenn Mama schon ihren eigenen Kleiderschrank bei Rolf eingerichtet hat? Und jetzt eigentlich nur noch ihren Schreibtisch und die Bücherkartons abholen will? Und zwar zusammen mit Rolf – denn der kann mit seinen imposanten Armmuskeln ja so gut Kisten tragen … Was antwortet man auf völlig unerwartete Fragen wie »Hat der Papa die Laura jetzt vieeel lieber als dich, Mami?« – und das aus dem Mund eines vierjährigen Knirpses, der gerade bedächtig mit seinem Feuerwehrauto schwarze Rillen in den Küchentisch kratzt? Nachdem Sie einmal sehr kräftig durchgeatmet haben, möchten Sie wohl kaum den mittäglichen Teller mit Fischstäbchen, Spinat und Kartoffelbrei an die Wand pfeffern und brüllen: »Natürlich NICHT!«, um anschließend hemmungslos in Tränen auszubrechen. Nein, glauben Sie mir, das möchten Sie wirklich nicht, und das wäre auch gar keine gute Idee … Was Sie aber tun können, ist Ihr Kopfkino einzuschalten. Wenn es Ihre Fantasie erlaubt, stellen Sie sich doch einfach vor, wie Sie den Teller ergreifen, ihn auf der Hand balancieren, den Arm weit nach hinten schwenken und die Ladung mit ganzer Kraft an die Wand schmettern. Und wenn das immer noch nicht reicht, gehen Sie in Gedanken auch noch zum Kühlschrank und holen Nachschub! Die Sauerei, die hinterher wegzuputzen wäre, brauchen Sie sich natürlich nicht vorzustellen.

WIE LUZIE MAL WIEDER
DIE PERFEKTE ANTWORT FINDET

Luzie, die während ihrer Arbeitszeit in der Stadtbibliothek gerne in schlauen Büchern blättert, hat wie so oft auch für den Moment einen umwerfenden Rat, wenn einmal schwierige Themen über den Ex direkt mit den Kindern besprochen werden müssen. Was also sagen, wenn Kinderfragen wie »Hat der Papa die Laura jetzt vieeeel lieber als dich, Mami …« plötzlich im Raum stehen? »Nimm irgendeine Situation, die dein Kind selbst vor Kurzem erlebt hat, und bau daraus eine Antwort«, schlägt Luzie mir vor, während wir gemeinsam unseren Wocheneinkauf in ihrem Auto nach Hause fahren. Ich verstehe nicht sofort, wie sie das meint. Wie baut man eine Antwort aus einem Erlebnis? Und das auch noch total übernächtigt und von der Sorge geplagt, wie am nächsten Tag die Kinderbetreuung funktionieren soll, während die Kita geschlossen hat? Luzie lächelt mich nachsichtig an: »Na ja, sag doch zum Beispiel: ›Weißt du noch, wie du gestern den neuen Nachbarsjungen getroffen hast und viel lieber mit ihm spielen wolltest, als mit deinem besten Freund Paul? So geht es eben gerade auch Papa. Papa findet die Laura jetzt gerade genauso toll wie du den neuen Jungen von Gegenüber.‹« – »Na prima«, wende ich ein, »dann versteht mein Kind den Papa, und ich bin außen vor.« Luzie seufzt. Schon seit Ewigkeiten predigt sie mir, dass ich meinen Ex und mich vor dem Kind nicht als Gegner darstellen soll. »Das tut den Kleinen gar nicht gut«, ist ihr ständiges Credo. Da hat sie ganz bestimmt recht – aber wenn Kinderfragen um Papas neue Liebschaft auftauchen, bleibt meine mütterliche Tiefenentspannung eben leider (!) auch mal auf der Strecke.

WIE SCHWEIGEN ZU SILBER UND REDEN ZU GOLD WIRD

Ganz egal, ob die Trennung von Ihrem Partner oder von Ihnen ausging: Ohne Seelenschmerz, Gefühle von Ohnmacht, Wut oder Verzweiflung läuft es wohl nirgendwo ab. Wie sollte es auch, denn selbst bei den guten Anfängen, die jede Beziehung einmal hatte (unglaublich aber wahr!), waren ja Gefühle im Spiel. Und die lassen sich nicht einfach abstellen, sobald das Miteinander schwierig wird. Rund um eine Trennung ist es wichtig, über diese Gefühle sprechen zu können. Zum Beispiel mit einer guten Freundin, mit verständnisvollen Familienangehörigen oder auch mit ganz unbeteiligten Personen. Ich habe in dieser Zeit neben Gesprächen mit meiner Familie und engen Freunden unter anderem die kostenlose familienpsychologische Beratung der Stadt wahrgenommen. Fast schon schüchtern, ob ich denn tatsächlich so etwas brauchen und einfordern dürfte. Denn schließlich hatte ich doch immer den Anspruch an mich selbst, Krisen alleine zu bewältigen und so viel wie möglich mit mir selbst auszumachen. Und so schlimm, wie es mir jetzt vorkam, war die Lage vielleicht doch gar nicht? Sollte ich wirklich da anrufen und einen Termin machen? Was werden die sagen? Kann das Nachteile für mich und mein Kind haben? Ich sprach mit Luzie darüber. Meine ganz private Psychologieratgeberin hätte da doch sicher einen Rat? Sie hatte. »Na hör mal, genau für solche Fragen sind diese Stellen und ihre Berater doch da! Und wovor hast du Angst? Dass sie dir das Kind wegnehmen, weil du Schuhgröße 39 hast und weiße Zähne? Denn was verbrochen hast du doch nicht – oder verschweigst du mir etwas …?«, witzelte sie. »Mach dich locker und geh hin!«

Gesagt, getan. Als ich dann dort saß, in einem kleinen Zimmer des örtlichen Rathauses, war ich dankbar und erleichtert. Aaron hockte mit Papier und Stift an einem Tischchen und malte, während ich leise und mit möglichst ruhiger Stimme über die letzten Monate sprach. Das Gespräch hat mich auf viele neue Ideen gebracht. Und die Familienpsychologin bot mir zum Schluss sogar an, bei Bedarf einfach wieder vorbeizukommen.

WIE SIE ÜBER DEN (ODER DIE) EX REDEN: EINE EISERNE REGEL

Vorsicht ist aber angebracht, wenn Sie vor Ihren Kindern über den Expartner reden und dabei Gefühlen wie Enttäuschung oder Wut freien Lauf lassen. Das kann schneller passieren, als man denkt, schließlich müssen die ganzen Gefühle ja irgendwann auch mal raus … Etwa bei einem gemeinsamen Kaffeeklatsch mit Freunden oder auf einer Familienfeier, auf der nach dem zweiten Glas Pils die Reden etwas freier werden … Und plötzlich fliegen den Kindern Wörter über den geliebten Vater oder die geliebte Mutter um die Ohren, die ihre ganze Welt noch mehr durcheinanderbringen. Mag sein, dass unsensible Gesprächspartner lautstark das verbale Feuer gegen Ihre(n) Ex eröffnen, etwa in dem Tenor »Na, was macht denn dein dummer Ex jetzt gerade, immer noch hinter jedem Rock her?«, während die anderen fröhlich schenkelklopfend einstimmen: »Ja, wundern würde mich das nicht. Wisst ihr noch, wie er mit dem jungen Luder aus der Kantine was hatte? Hahaha, ich darf gar nicht dran denken, wie die sich damals haben erwischen lassen. Da könnt ich immer noch Tränen drüber lachen!« Wenn solche Sätze fallen, machen Sie bei Anwesenheit der Kinder bitte den Vorschlag, das Thema zu vertagen oder diplomatischer anzugehen. Natürlich muss man auch von Problemen erzählen. Und dass dabei der Expartner nicht immer gut wegkommt, liegt zumindest bei frisch Getrennten in der Natur der Sache. Da ist es verlockend, die Lage auch entsprechend dramatisch darzustellen – allein schon, um von den Zuhörern besser verstanden zu werden. Falls also die Gefühle aus diesem oder ähnlichem Grund einmal bei Ihnen selbst durchgehen, versuchen Sie sich an die eiserne Regel zu erinnern: Niemals vor den Kindern schlecht über den anderen Elternteil reden. Sie würden damit die zukünftige Beziehung der Kinder und auch ihre eigene Beziehung zum Expartner gefährden. Denn ob Sie es wollen oder nicht – irgendeine Form von Auseinandersetzung und Dialog wird es ja auch nach der Trennung oder Scheidung weiterhin geben, wenigstens in allen Belangen rund um die Kinder. Und außerdem wünschen Sie sich vom ehemaligen Partner wohl auch, dass er sich respektvoll über Sie äußert und trotz aller Unstimmigkeiten vor den Kindern gut von Ihnen spricht. Leider bekommt man es nicht immer gleich mit, wenn der liebe Ex sich an diese einfache Form der Höflichkeit und Rücksichtnahme gegenüber den Kindern und ihrer Mutter nicht hält. Ich erinnere mich, wie Mias Sohn nach einer längeren Besuchspause allmählich wieder anfing, stundenweise etwas mit seinem Vater zu unternehmen. Sie gingen heiter los und kamen ebenso gut gelaunt wieder zurück. Mia war froh und erleichtert, dachte bei sich, wie gut es sei, dass die beiden sich wieder mehr sehen. Ihr Ex war bei den Übergaben immer ganz freundlich, also dachte sie: Alles gut! Dem war aber leider nicht so. Bei einem längeren Fahrradausflug, den sie mit Söhnchen Paul unternahm, fragte der plötzlich: »Mama, gibst du wirklich immer viel zu viel Geld für Essen und so aus?« Mia brauchte natürlich einen Moment, um sich zu sammeln. Als hätte sie nicht schon Sorgen genug, schien irgendwer aus Pauls Umfeld ihr anscheinend das

Leben noch unbequemer machen zu wollen. Aber wer könnte das sein? »Ähm, wer sagt denn das?« – »Na ja, der Papa hat gesagt, mit dem ganzen, ganzen, vielen teuren (er überlegte), teuren Geld, das Papa dir immer bezahlt, würde Papa … würde Papa (er überlegte noch einmal) miiindestens drei Monate auskommen«, erzählte der Kleine ihr. »Stimmt das, Mama?« Tja, was soll man da antworten. Mia entschied sich, die Fronten nicht zusätzlich zu verhärten. »Ach weißt du, Paulchen, jeder gibt irgendwann mal viel Geld aus und beim nächsten Mal dann wieder etwas weniger. Das ist doch ganz normal, und das macht der Papa auch so«, erklärte sie geduldig.

47

WIE SIE DIE ÜBERGABE ERTRÄGLICH GESTALTEN

Gehen wir mal davon aus, dass Ihr oder Ihre Ex meistens zuverlässig und pünktlich zu den vereinbarten Übergabeterminen für die Kinder kommt. Das ist leider nicht überall die Regel, aber bei uns hat das die meiste Zeit gut geklappt. In der ersten Zeit sind diese Begegnungen zwischen den Expartnern am schwierigsten, denn schließlich sitzt beiden noch das Trennungsszenario und höchstwahrscheinlich die vorangegangene Zeit in den Knochen. Wenn Sie in dieser Phase stecken, haben Sie jetzt zwei Vorteile. Erstens: Sie wissen, dass die leidigen Übergabetermine mit der Zeit entspannter oder zumindest routinierter ablaufen werden. Wenigstens ein bisschen. Zweitens: Sie haben jetzt die unschlagbare Möglichkeit, feste Rituale zu etablieren, die Ihnen die Übergaben aller Folgejahre leichter machen werden. Das Wichtigste: Verhalten Sie sich eindeutig. Ihr Ex sollte nicht am einen Tag ein Begrüßungsküsschen bekommen und beim nächsten Mal wieder nicht. Oder einmal in Ihre Wohnung hereingebeten werden und beim nächsten Mal wieder nicht. Das schafft auf beiden Seiten Unsicherheit und Verlegenheit. Entscheiden Sie sich für eine Begrüßungsform und bleiben Sie dann für alle Termine dabei. Ebenfalls nicht zu unterschätzen: Falls Sie in der ehemals gemeinsamen Wohnung bleiben, um den Kindern die vertraute Umgebung zu erhalten, stellen Sie unmissverständlich klar, dass dies nun ausschließlich Ihr Terrain und das Ihrer Kinder ist. Falls der Partner noch einen Haustürschlüssel hat, muss er diesen jetzt abgeben! Das hat leider bei Luzie nach ihrer Trennung vom Vater der Kinder überhaupt nicht funktioniert. Er schloss fröhlich weiter die Wohnungstür auf, die Kinder fielen ihm um den Hals, und es hätte nicht viel gefehlt, er hätte auch noch die Schuhe ausgezogen und sich im Wohnzimmer auf die Couch gelegt. Luzie bat ihn gefühlte fünf Trilliarden Mal, doch endlich seinen Hausschlüssel abzugeben, aber er ging nicht darauf ein. Schlimmer noch: Er machte vor den Kindern seine Witzchen über sie, sagte Dinge wie »Ach was, so ein Quatsch, du hast wohl heute Nacht mal wieder mit Psychobüchern unterm Kopfkissen geschlafen!«, und bewegte sich in der Wohnung weiterhin als Hausherr. Öffnete ungefragt die Schränke, bediente sich am Kühlschrank und sah die Post durch. Ich muss sagen, während ich dies erzähle, gruselt mich allein schon die Vorstellung. Wie kann man nur so unsensibel sein!

Nun ja, nicht umsonst hat Luzie dieses besondere Exemplar männlicher Feinfühligkeit ja erfolgreich verlassen. Nachdem dieser Ignorant auch noch ein halbes Jahr später ganz entspannt die Haustür mit seinem Schlüssel aufsperrte, setzte sie dem Treiben ein Ende und baute an einem freien Vormittag, während die Kinder in der Schule waren, ein neues Schloss ein. »War total einfach«, berichtete sie mir hinterher, während wir Brunos neueste Eissorte »Veganes Limonenparfait« ausprobierten. »Ich habe im Baumarkt gefragt, was ich beachten muss, da haben die mir so ein Kärtchen mitgegeben, mit dem ich die wichtigsten Maße direkt an der Tür überprüfen kann. Dann habe ich mir ein passendes Schloss ausgesucht und höchstpersönlich gegen das alte ausgetauscht. Mehr als einen Schraubenzieher braucht es dazu nicht!« Ich gratulierte ihr natürlich – nach dieser langen Leidensphase war es höchste Zeit für diese so lobenswerte Eigeninitiative geworden. Und wie hatte der Ex reagiert? Er musste beim nächsten Besuch klingeln, denn sein Schlüssel passte ja jetzt nicht mehr. Und da Luzie diesmal nicht von ihm überrascht wurde, sondern direkt an der Tür stand, öffnete sie diese auch nur einen Spalt, ohne ihn hereinzubitten. »Augenblick, die Kinder kommen gleich«, lächelte sie kühl durch den Türspalt – und schloss die Tür wieder. Nichts mehr mit Schränke öffnen und Post durchsehen – Ex ist Ex und darf sich der Situation gerne auch mit etwas Nachhilfe anpassen. Natürlich müssen Sie es nicht genauso machen. Ich bitte meinen Ex grundsätzlich herein, manchmal biete ich ihm auch eine Tasse Kaffee an und wir reden kurz über die Belange unseres gemeinsamen Sohnes. Aber wenn er sich verhalten würde wie Luzies Ex: Glauben Sie mir, da wäre auch ich schnell mit meiner Geduld am Ende.

48

WIE UNGLAUBLICH, ABER WAHR: KURIOSES ZUM UNTERHALT

Ich erinnere mich, wie Mias Verflossener ihr einmal den Kindesunterhalt während der Ferienzeit kürzen wollte. Das Argument: Paul sei ja für zwei Wochen mit ihm im Urlaub, und da schlafe und esse er ja bei ihm. Ich war bei dem Telefonat dabei und glaube, ich habe Mia noch nie so lange sprachlos erlebt. Sie schwieg für mindestens 99 Sekunden. Okay, vielleicht waren es auch nur 88. Aber jedenfalls eine unvorstellbar lange Zeit für jemanden, der wichtige Argumente hat. Ich befürchtete schon das Schlimmste und dachte, sie würde jeden Moment explodieren und entweder das Telefon an die Wand pfeffern oder Fred durch den Hörer so anschreien, dass er für die nächsten Sekunden taub sein würde. Doch Mia war auch in dieser Lage, wie so oft, für eine Überraschung gut. »Mein lieber Fred«, eröffnete sie schließlich mit zuckersüßer Stimme ihre Abwehr. Es war förmlich zu spüren, wie Fred schon allein bei dieser Anrede der Atem stockte. Er konnte sich ganz sicher nicht daran erinnern, wann Mia ihn zuletzt mit diesen Worten angesprochen hatte. Mia fuhr fort: »Glaubst du vielleicht, dass mein Wohnungsvermieter auch Urlaub bei dir macht oder die Stadtwerke, die Kita und alle anderen, die regelmäßig bezahlt werden, damit Paul das ganze Jahr über ein angemessenes Umfeld hat?« Nun, Fred ist ja nicht auf den Kopf gefallen, eigentlich ein ganz kluger Kerl. Er sah ein, dass er in diesem Fall eine völlig sinnlose Debatte hätte führen müssen, und gab Mia zähneknirschend recht.

49

WIE MAN UNPÜNKTLICHKEIT UND ABSAGEN ENTSCHÄRFT

In manchen Expartnerschaften ist das Reden miteinander nach der Trennung extrem schwierig oder sogar unmöglich geworden. Die Schuld dafür bei einem der Partner zu suchen ist zwar möglich, bringt aber die Sache in der Regel nicht wirklich vorwärts.

Silvies Ex war nach der Trennung so verletzt und gekränkt, dass er sich weigerte, weiterhin mit der Mutter seiner beiden Kinder zu reden. Verabredungen, wann er seine Söhne holen und wieder bringen würde, die Planung von Urlaubszeiten und Ähnliches: Das alles lief bei den beiden über E-Mail oder SMS. Dummerweise war auf diese Vereinbarungen aber nicht immer Verlass. Mal hielt er sich an die vereinbarte Zeit, kam jedoch mindestens 30 Minuten später als verabredet, mal kam er gar nicht und sagte auch nicht ab, mal kam er nicht, sagte aber vorher ab. Um es zusammenzufassen: Die ganze Sache war für Silvie und die Jungs total unberechenbar. Für die beiden Söhne war es heftig, dass ihr Papa sie einfach stehen ließ. »Für das Selbstbewusstsein der Kinder eine ganz kalte Dusche«, kommentierte Luzie das irgendwann mal mit echtem Entsetzen. Und wenn die zwei warten mussten, wussten sie nie, ob er noch kommen würde oder nicht. Silvie versuchte sich per E-Mail mit ihm zu verständigen, ihm klarzumachen, dass die beiden ihn brauchen und auf seine väterliche Zuverlässigkeit bauen. Doch ihr Ehemaliger zeigte sich ungerührt. Er habe eben viel Arbeit, da ließe sich nicht immer alles so hundertprozentig planen. Mit der Zeit stellte Silvie fest, dass dieser Umgang nicht nur schwierig für die Jungs war, sondern auch für sie selbst. Denn sie konnte sich praktisch nichts mehr vornehmen, da ja nie klar war, ob sie ihre Pläne auch in die Tat würde umsetzen können. Eine Verabredung mit der besten Freundin? Und die dann immer wieder absagen oder zu spät erscheinen? Einen kleinen Urlaub buchen und diesen dann in letzter Minute stornieren? So konnte es nicht weitergehen. »Im Grunde stiehlt er uns damit allen Zeit und Nerven!«, empörte sie sich schließlich. Ob er sie und die Kinder damit wirklich ärgern wollte oder tatsächlich seine Zeitplanung so wenig im Griff hatte, war da fast schon nebensächlich. Denn die Folgen waren ja für Silvie und ihre Söhne dieselben.

Schließlich gewöhnte sie sich an, für jede Verabredung mit Papa schon rechtzeitig vor dem Termin eine Ersatzbetreuung für ihre Kinder zu organisieren. Wenn für das kommende Wochenende vereinbart war, dass er seine Söhne zu sich holen würde, fragte sie vorher bei ihrer Mutter oder bei ihrer Lieblingstante Beate an, ob diese notfalls die Jungen übernehmen könnten. Denn wer tagein, tagaus über Jahre die Kinder alleine betreut wie Silvie, braucht einfach ab und zu ein paar Tage zur Regeneration. Und wenn es nur ein Wochenende ist. Sie hörte damit auf, ihrem Exmann diesbezüglich Gesprächsangebote zu machen, legte den dazu mit dem Jugendamt begonnenen Austausch auf Eis und kümmerte sich einfach nur noch um die alternative Zeitplanung. Erstaunlicherweise besserte sich das Verhalten des Ex, nachdem er bemerkte, dass Silvie sich nicht mehr auf Diskussionen mit ihm einließ – warum auch immer. Für die Jungs war dieses Vorgehen dahin gehend verträglicher, dass sie vorher immer schon von ihrer Mutter erfuhren, wie Plan B aussah. Immer noch unerfreulich, aber mit weniger Ungewissheit gewürzt. Und ihre gepackten Taschen würden sie auf jeden Fall brauchen. Inzwischen läuft der Kontakt zwischen dem Vater und seinen Söhnen übrigens ganz prima. Die beiden Teenies sind ganz froh, dass sie sich mit wachsender Männlichkeit verstärkt an ihren Vater wenden dürfen. Und der ist stolz auf seine beiden großen Söhne und denkt sich tolle Aktivitäten für die beiden aus, die Silvie höchstwahrscheinlich nicht so gern begleiten würde – vom Kletterpark bis zum Probetauchkurs war schon alles Mögliche dabei. »Heute bin ich froh, dass ich die schwierige Zeit mit meinem Ex durchgehalten habe. Die Jungen brauchen doch ihren Paps, gerade jetzt, wo sie zu Männern werden!«, vertraute sie mir eines Tages erleichtert an. Doch auch sie sollte von der einen oder anderen Herausforderung durch ihre beiden Söhne nicht für immer verschont bleiben. So geschah es, dass der Vater gerade alleine im Urlaub war, als den beiden Jungs einfiel, dass sie in die Premiere eines Kinofilms wollten, der ganz und gar nichts für sie war. »Paps hat uns eine SMS geschickt, der Film soll klasse sein. Wir haben eine Wette mit ihm abgeschlossen, wer die Zahl der Toten im Film am nächsten errät, hat gewonnen! Wir tippen 62«, beschwor ausgerechnet Hans, der jüngere von beiden, seine Mama. Das Problem war nur, der Film war ab 16 und die beiden zu diesem Zeitpunkt erst zwölf und 14 Jahre alt. Doch wenn ein Elternteil mitgeht, darf man in Deutschland schon in Filmvorstellungen gehen, die eigentlich erst für eine Alterskategorie höher freigegeben sind. (Kinder ab 6 Jahren dürfen also in Filme ab 12 und Kinder ab 12 in Filme ab 16.) So, jetzt stehen Hans und Günter allerdings vor einer echten Herausforderung, sie müssen ihre Mutter dazu überreden, mit ihnen in ein neues Remake von *Das Kettensägenmassaker* zu gehen. Silvie ist strikt gegen Gewalt, und somit können Sie sich ja denken, dass es kein Leichtes war, sie zu überreden. Kein Leichtes war? Ja, Sie haben richtig gehört, die beiden haben es geschafft. Silvie hat sich während des ganzen Filmes einen Seidenschal vor die Augen gehalten. Aber vergebens: Allein schon die Geräusche haben ausgereicht, um sie für eine ganze Woche zu traumatisieren. Seitdem hat sie sich geschworen, nie wieder in Filme zu gehen, die die Altersbeschränkung »Ab 12 Jahren freigegeben« überschreiten.

50

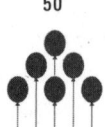

WIE EXPARTNER AN FEIERTAGEN FAIR MITEINANDER BLEIBEN

Stellen Sie sich vor, es ist Weihnachten, und Ihre Kinder sind nicht bei Ihnen. Überall leuchten aus den Fenstern der Nachbarwohnungen festliche Lichter, die Straßen werden immer ruhiger, und sie hören höchstens noch das Gerede und Gelächter von den Feiern der anderen. Vielleicht gehen Sie auch in den Weihnachtsgottesdienst und treffen dort die ganzen Zweielternfamilien mit ihren Kindern. Dieses Bild hatte ich immer vor Augen, wenn ich mir überlegte, wie ich wohl das alljährliche Weihnachtsfest gestalten könnte. Das ist keineswegs eine einfache Aufgabe – und vor allem stellt sie sich alle zwölf Monate aufs Neue.

Wie einfach hat es doch da Tante Ute, die Weihnachten schon seit Jahr und Tag nur mit ihrem Rudi zusammen feiert. Natürlich werden schon in der Adventszeit fleißig Päckchen für die Verwandtschaft gepackt, selbst gebackene Weihnachtsplätzchen verschenkt und Karten geschrieben. Doch zum Fest der Nächstenliebe tafelt sie mit ihrem lieben Rudi, der ihre Kochkünste an diesen Tagen immer besonders lobt und nach den üppigen Menüs mit Vorspeise, Hauptgericht, Käseteller mit Obst, Espresso und Petit fours nahezu regungslos in den Federn liegt, um bis spät in den nächsten Vormittag hinein zu schlafen. Doch von so viel Idylle kann bei Alleinerziehenden in der Regel nicht die Rede sein. In vielen Vereinbarungen zum Besuchsrecht ist es so, dass am Wochenende diejenige Person das Kind »bekommt«, bei der es normalerweise nicht aufwächst. Wenn ein Kind also hauptsächlich bei seiner Mutter lebt, dann ist es beispielsweise jedes oder jedes zweite Wochenende bei seinem Papa. Der Austausch zwischen den Expartnern beschränkt sich meistens auf Gespräche rund um die Kinder. Bei Paaren, die sich mit der Zeit wieder ein bisschen besser verstehen und sogar einen einigermaßen freundschaftlichen Umgang miteinander haben, ist auch dann und wann ein Small Talk oder irgendwann sogar wieder ein richtig entspannter Austausch möglich.

Ein wichtiges Zusatzthema in diesen Beziehungen sind – Sie ahnen es – Feiertage wie Weihnachten und Ostern. Ich kenne kaum einen getrennt lebenden Elternteil, der in diesen Zeiten gerne auf seine Kinder verzichtet. Je nachdem, wie locker oder auch tendenziell eher angespannt die Beziehung zwischen den Expartnern ist, bietet es sich dabei an, dass die Kinder einen Teil dieser Tage bei Mama und einen anderen Teil bei Papa verbringen. Oder es gibt ein gemeinsames Fest, was jedoch nur dann Sinn macht, wenn sich alle Beteiligten sicher sein können, dass sie diese Veranstaltung ohne Streit hinbekommen. Natürlich möchten meist auch die Großeltern beider Seiten etwas von den Enkeln haben, und so sollte man die Planung rechtzeitig angehen, damit es nicht in letzter Minute doch noch verletzte Gefühle und Scherben im Familiengetriebe gibt. Manchmal sind die Kinder auch über das gesamte Fest bei einem Elternteil – etwa wenn dieser weiter entfernt wohnt oder die Kinder auf eine Reise einlädt. Dann bietet es sich an, dass der allein bleibende Elternteil mit den Kindern vorher (an Weihnachten also zum Beispiel am vierten Advent) oder nachher feiert. Vermeiden Sie es aber bitte, Ihre Kinder zu solchen Zeiten auch noch mit festgefahrenen Vorstellungen zum Ablauf der Festivitäten zu drangsalieren. Wenn Paulchen kein Rotkraut zur Pute mag, lässt er es eben liegen. Immerhin musste er vor dem Essen schon 20 dicke Schmatzer von Tante Inge und eine geradezu erdrückende Umarmung von Oma ertragen! Und auch Cara darf nach dem Verspeisen ihrer Miniportion ausnahmsweise schon aufstehen, damit der fröhliche Onkel Karl, der neben ihr sitzt, vor lauter Begeisterung über die Weihnachtsgans und die hervorragende Weinauswahl nicht dauernd seinen Ellenbogen gegen ihre Schulter donnert. Größere Kinder sind ihren geschiedenen Eltern übrigens äußerst dankbar, wenn sie bei der Planung der Feiertage ein Wörtchen mitreden dürfen. Zu empfehlen ist dabei natürlich, dass die Kinder beide Elternteile – sofern gesund und einsatzbereit – regelmäßig zu Gesicht bekommen.

→ Praxistipp: Kooperation, ja – ausnutzen lassen, nein

Die Erfahrung zeigt, dass der Umgang mit dem oder der Ex-partner(in) in der Zeit nach Trennung oder Scheidung am schwierigsten ist. Irgendwann glätten sich in aller Regel die Wogen und es spielt sich ein mehr oder weniger verträgliches Vorgehen ein. Ausnahmen natürlich eingeschlossen. Versuchen Sie sich grundsätzlich kooperativ zu verhalten und auch verständnisvoll, wenn Ihr Partner sich vereinzelt nicht an Abmachungen halten kann. Wir alle sind schließlich nur Menschen! Wenn es aber so läuft, dass Sie und die Kinder dauerhaft unter seinem Verhalten leiden müssen, versuchen Sie Abhilfe zu schaffen und lassen sich eventuell entsprechend beraten.

KAPITEL VII

BUCKLIGE VERWANDTSCHAFT

Um es mal ganz klar zu sagen: In der ersten Zeit der neuen Rolle und Familiensituation sind nervtötende Verwandte einfach unerträglich.

Wahrscheinlich bekommen Sie jetzt alles zu hören, was es zu einer Trennung jemals zu sagen gibt. Diese Sätze könnten Ihnen bekannt vorkommen: »Jetzt heul nicht rum, der hat doch sowieso nichts getaugt« (Tante Ute), »Kind, warum hast du diesen tollen Mann gehen lassen?« (Tante Beate) und »Du ruinierst unser ganzes Leben, diese Schande, das ist so peinlich, was sollen denn die Nachbarn denken« (die Eltern). Die fiesesten Kommentare treffen Sie direkt ins Herz, denn sie zielen auf die Kinder ab: »Hast du auch mal an die Kleinen gedacht« in all seinen Varianten ist dabei der Klassiker. Selbst wenn Sie jetzt den Kritikern aus Ihren eigenen Reihen am liebsten den Mund verbieten würden, vergessen Sie's.

51

WIE SIE ES SCHAFFEN, DIE URTEILE DER VERWANDTSCHAFT ABZUSCHMETTERN

Sie haben jetzt einfach keine Zeit und keine Kraft, sich mit den Fehlurteilen Ihrer Umwelt zu beschäftigen. Halten Sie es im Zweifelsfall mit der Devise »Der Klügere gibt nach« und kümmern sich stattdessen um das, was gerade wirklich wichtig in Ihrem Leben ist. Lassen Sie Sätze wie die eben genannten einfach an sich abprallen. Es wird immer Menschen wie Tante Ute geben, die Sie meist unabsichtlich von ihrem Weg abbringen. Am besten sollten Sie wohl versuchen mit ihnen auszukommen, aber manchmal wird einfach alles zu viel. Wer dann zum Beispiel von einem anstrengenden

Arbeitstag zurückkommt, der will auch mal seine Ruhe haben. Dann gilt es den größten Nervensägen ganz gezielt aus dem Weg zu gehen.

52

WIE MAN TANTE UTE UND ONKEL RUDI AUS DEM WEG GEHT

Die Betonmauern in den Köpfen der Verwandten werden Sie nicht durchdringen. Besser: Gönnen Sie sich eine Pause von negativen Gedanken. Deshalb gilt in Phase eins der Neufindung: Brechen Sie vorübergehend den Kontakt zu Verwandten und Freunden ab, von denen Sie nur schlechtes Feedback bekommen. Holen Sie sich jetzt die Unterstützung, die Ihnen hilft und Sie wirklich weiterbringt. Das ist leichter gesagt als getan, denn nichts wird so freigiebig verteilt wie ungewollte Ratschläge. Hier können Sie zwei Strategien fahren. Die erste Taktik ist simpel. Tauchen Sie ab. Aktivieren Sie beim Telefon und Handy die Anruferkennung und lassen Sie den Anrufbeantworter anspringen. Ganz wichtig: Rufen Sie NIE zurück, so eindringlich auch darum gebeten wird. Keine Angst, lebenswichtige Informationen werden auch von AB-Hassern als Nachricht hinterlassen. Sollten Sie doch einmal versehentlich abheben, setzen Sie Taktik zwei ein: Unterbrechen Sie den Anrufer schon im ersten Satz, und fangen Sie sofort an, von einem dringenden Organisationsproblem zu berichten, zum Beispiel »ich muss zum Elternabend und habe keinen Babysitter«. Fordern Sie ihn oder sie dann auf, eine Lösung vorzuschlagen. Kann Ihre Tante Ute nicht vielleicht an diesem Abend vorbeikommen und auf die Kinder aufpassen? Nein, oh, wie schade, dann müssen Sie jetzt aber dieses Problem klären und erst mal eine Freundin kontaktieren. Deshalb haben Sie jetzt natürlich leider keine Zeit für einen Plausch, vielleicht ein anderes Mal. Auflegen. Der Vorteil dieser Vorgehensweise: Sie machen den lieben Verwandten klar, dass Sie keine Zeit zum Jammern und Lamentieren haben, sondern ganz konkrete Alltagsprobleme lösen müssen. Und Sie bieten an, Ihnen dabei zu helfen. So wird schnell deutlich, ob es sich bei der meist reflexartig offerierten Unterstützung um ein echtes Angebot oder nur um eine wohlfeile Worthülse handelt. Außerdem geben Sie Ihren Verwandten die Möglichkeit, wirklich und ganz konkret etwas zu tun. Denn seien wir fair, die meisten wissen einfach nicht, mit welchen seelischen Turbulenzen und praktischen Schwierigkeiten Sie zu kämpfen haben, weil sie selbst nie in einer ähnlichen Situation waren.

53

WIE SIE ES VERMEIDEN,
SICH IN AUSREDEN ZU VERSTRICKEN

Passen Sie aber auf, welche Ausreden Sie verwenden. Sonst könnte es Ihnen ergehen wie Luzie. Sie kam nach einem langen Arbeitstag in der Stadtbibliothek nach Hause, und schon 15 Minuten später klingelte das Telefon. Ihr nerviger Onkel rief sie an und fragte, ob sie Lust hätte, einen Kaffee trinken zu gehen. Das ist bei ihm laut Luzie gleichbedeutend mit: »Hast du Lust, mit mir in ein Café zu gehen, wo ich dich dann stundenlang mit langweiligen Fakten über alte Filme nerve?« Also sagte Luzie, sie müsse in wenigen Minuten los zum Zahnarzt. In Wirklichkeit machte sie sich aber auf ins

Kino und gönnte sich den neuen Film: *Save the Earth 4.0*. Einem Filmliebhaber ausgerechnet im Kino aus dem Weg zu gehen, das war mal einer der weniger genialen Einfälle von Luzie. Schon an der Kasse traf sie ihren ungeliebten Onkel, der wohl in irgendeinen Schmachtfetzen à la *Tango um halb drei* gehen wollte. Was dann passierte, weiß ich nicht. Was ich aber weiß, ist, dass dieser Onkel seitdem ständig denkt, dass sie ihn anlügt. Vor vier Tagen zum Beispiel ging ich mit Luzie in die Stadt zum Bücherkaufen. Auf dem Rückweg trafen wir – wie könnte es anders sein – ihren immer noch schwer gekränkten Onkel. Der fragte Luzie dann mit leiser Ironie, ob sie nicht Bücher kaufen wollte und warum sie denn noch keine randvoll gefüllte Tasche mit Büchern in der Hand trage. Luzie sagte, sie habe leider nichts gefunden. Dann geschah das Gleiche wie immer seit dem Kinovorfall: Er verabschiedete sich mit einem beleidigten »Na dann auf Wiedersehen« und verschwand, ohne eine Antwort abzuwarten. »Au weia«, sagte ich zu Luzie, nachdem er verschwunden war, »da hast du aber was wiedergutzumachen!«

Steffano sieht die Sache mit dem Lügen und Sich-Herausreden ganz anders und total pragmatisch: »Warum sollte man sich in komplizierten Lügenkonstrukten verstricken, wenn man seine Antworten auch einfach, kurz und diskret halten kann.« Wenn Steffanos anstrengender Vater vor der Tür steht, erfindet er zum Beispiel nicht, dass er einen Termin beim Zahnarzt hat oder total krank ist. Er sagt, dass es unter Umständen heute etwas schwer mit einer Unternehmung wird. Tja, diesen lässigen Stil kann man sich vielleicht antrainieren. Ich gebe zu, darin nicht besonders gut zu sein. Allerdings musste Steffano sich auch noch nie aus einer verzwickten Situation mit Tante Ute herausreden, was bei Tante Utes 1001 gezielt gestellten Fragen eine echte Herausforderung sein kann.

54

WIE MAN VERWANDTSCHAFT : 2 RECHNET

Sie werden es nicht glauben, aber: Das Gute an der Trennung von Ihrem Ex ist, dass Sie mit einem Schlag die Hälfte der buckligen Verwandtschaft losgeworden sind. Ihre neue Formel heißt somit »Verwandtschaft : 2 = Stress : 2« – Hurra! Zu den Schwiegereltern sollten Sie natürlich Kontakt halten – schließlich möchten Ihre Kids nicht von heute auf morgen auf die Großeltern verzichten. Und Oma wäre sicher gar nicht begeistert, künftig nur noch Fotos von ihren Enkeln zu bewundern. Doch auch hier sind Sie jetzt in einer viel vorteilhafteren Position als früher. Während Sie in der Ehe immer für das Glück und Wohlergehen des Partners zuständig waren und diese Aufgabe sicher nie zur Zufriedenheit der Schwiegereltern erfüllt haben (das scheint bei manchen Familien die traditionelle Beurteilung zu sein), geht es jetzt um Ihre eigenen Kinder. Hier bestimmen Sie die Richtlinien der Erziehung, da die Kinder bei Ihnen wohnen. Das wissen auch die Großeltern. Machen Sie also deutlich, dass Sie die Beziehung zwischen Großeltern und Enkeln aufrechterhalten möchten. Verlangen Sie aber bitte nichts Unmögliches. Ältere Menschen können nur selten über ihren Schatten springen und sich kleine Sticheleien völlig verkneifen. Legen Sie sich einfach eine temporäre Hörschwäche zu. Sätze, die mit »Ich meine ja«, »Wir haben das früher nicht so gemacht« oder »Wenn du das wirklich so willst, dann …« beginnen, liegen bei mir schon seit Langem außerhalb der Hörfrequenz. Solche Bemerkungen müssen wohl ab und zu raus, aber das heißt noch lange nicht, dass ich ihnen auch Beachtung schenke. Ein bei Gelegenheit aufrichtig ausgesprochenes »Danke« für die Unterstützung der Großeltern wirkt übrigens wahre Wunder, probieren Sie es mal aus! Und mit etwas Glück wird die neue Beziehung zu den Exschwiegereltern vielleicht sogar besser als je zuvor.

Dass Sie praktischerweise Verwandte nie wieder sehen müssen, die Ihnen schon immer auf die Nerven gegangen sind, ist eine gute Nachricht. Doch was ist mit der netten Schwester des Ex, die beinahe schon eine Ihrer besten Freundinnen ist, oder mit der hilfsbereiten Tante Ruth? Niemand zwingt Sie, diese Freundschaften aufzugeben. In den Gesprächen nach der Trennung werden Sie sehr schnell merken, ob die gegenseitige Sympathie das Ende der Partnerschaft übersteht. Manchmal kann es auch in der Zeit direkt nach der Trennung etwas schwierig miteinander werden, da ja die Verwandten Ihres Expartners schließlich mit ihm fühlen und vielleicht annehmen, Sie hätten zu seinem »Unglück« beigetragen. Bei diesen Kontakten verhalten Sie sich am besten zunächst etwas zurückhaltend. Nach einiger Zeit betrachtet man die Dinge schon wieder mit mehr Gelassenheit und erinnert sich an Ihre guten Seiten.

55

WIE SCHICKSALSGENOSSEN IHNEN DAS LEBEN LEICHTER MACHEN

Auch wenn Sie nun allein mit Ihren Kindern leben, sind Sie damit in Ihrer Verwandtschaft ganz gewiss keine Ausnahme. Ich bin mir sicher, unter Ihren Geschwistern, Cousins, Cousinen, Nichten und Neffen gibt es so einige Schicksalsgenossen. Und das erhöht bei der lieben Verwandtschaft durchaus auch mal das Verständnis – ging es doch dem lieben Cousin Michael, der von seiner Brigitte verlassen wurde, am Anfang auch so schlecht. Er brauchte Jahre, um über diese Trennung hinwegzukommen, und seine Kinder litten mit ihm. Und dann, welche Tante erinnert sich nicht gerne daran, traf er Traumfrau Nummer 2 und befindet sich seitdem samt vierköpfiger Kinderschar im fröhlichen Familientrubel wieder. Natürlich gibt es auch die Negativbeispiele. Auch diese können Sie gerne mal ins Feld führen, um Ihrem familiären Umfeld zu verdeutlichen, wo Sie gerade stehen und was für Sie und die Kinder wichtig ist: »Weißt du noch, wie Cousine Elke ihren Arbeitsplatz verloren hat, weil ihre Kinder im Kindergartenalter ständig krank waren? Ach übrigens, da fällt mir ein, könntest du am Dienstag auf Paulinchen achten? Wir wollen doch nicht genauso enden …«

56

WIE SIE SICH UND IHRE KINDER ALS TEIL DER FAMILIE ETABLIEREN

Wohl jeder und jede Alleinerziehende kennt das Gefühl, wenn die eigene Verwandtschaft erst einmal entsetzt über ihren Schritt ist, ein Leben allein mit den Kindern in Angriff zu nehmen. Manchmal geschieht das freiwillig, manchmal unfreiwillig. Immerhin entscheiden sich manche Frauen heute auch schon während der Schwangerschaft dafür, das Kind nach seiner Geburt alleine großzuziehen. Manche alleinstehende Menschen nehmen auch ein Kind bei sich auf und geben ihm ein Zuhause, ohne in einer festen Partnerschaft oder Ehe zu leben.

Letztlich ist das Aufgabenpensum aber in jedem Fall da – und Sie haben selbstverständlich den Anspruch, Ihre Sache gut zu meistern und trotz aller geplatzten Träume noch etwas aus Ihrem Leben zu machen. Und so unwahrscheinlich Sie es vielleicht im einen oder anderen Moment finden – Ihre Familie einschließlich Eltern, Großeltern, Onkels und Tanten ist ein Teil dieser Zukunft. Sie haben es in der Hand, das Verhältnis zu Ihnen mitzugestalten. Denken Sie dabei bitte nicht nur an sich und daran, wie gerne Sie doch den einen oder anderen von ihnen ab und zu auf den Mond wünschen würden. Überlegen Sie im Umkehrschluss doch auch einmal, wer Ihnen am Herzen liegt, wer Ihnen guttut und Ihnen und den Kindern vielleicht sogar treu und unverdrossen zur Seite steht. Wer Ihnen kleine Ausfälle verzeiht, wenn Sie mit den Nerven gerade am Ende sind, und immer wieder zum Zuhören da ist, eine liebe Idee oder eine warme Suppe für Sie bereithält. Setzen Sie diese familiären Bande nicht leichtfertig aufs Spiel. Auch Ihre Kinder brauchen den Draht zur Familie und schöpfen Sicherheit und Geborgenheit daraus – selbst wenn nicht immer alles reibungslos läuft. Wo tut es das schon? Ein bisschen Salz im Getriebe gehört doch auch einfach zum Leben dazu. Also fassen Sie sich ein Herz und pflegen Sie die guten Bande in Ihrer Verwandtschaft genauso, wie Sie es mit Ihren guten Freunden tun. Wenn Sie wenig Zeit haben, halten Sie wenigstens telefonisch oder via Mail Kontakt. Wenn Sie keine großen Präsente zu besonderen Anlässen machen können, schreiben Sie zu den Geburtstagen eine liebe Karte und legen ein aktuelles Foto Ihrer Kinder dazu. Sie werden sehen, wer Sie und die Kinder schätzt, freut sich darüber!

→ Praxistipp: Alles Gute schamlos behalten

Verwandtschaft, ob sie nun zur Exfamilie gehört oder zu Ihren eigenen Wurzeln, ist immer noch Verwandtschaft. Oma und Opa bleiben auch nach der Scheidung die Großeltern. Und manche gute Freundschaft, die Sie in der Familie Ihres Ex geschlossen haben, ist über Jahre gewachsen und muss sich mit dem Scheidungspapier nicht schlagartig in Luft auflösen. Behalten Sie Ihr Vertrauen, und zeigen Sie den Menschen, die Sie mögen und in Ihren Kreisen behalten möchten, Ihre Wertschätzung. Denken Sie dabei auch an Ihre Sprösslinge: Auch Ihre Kinder brauchen ein größeres familiäres Umfeld, selbst wenn sie im Alltag allein mit einem Elternteil leben. Das Bewusstsein, Teil einer großen Familie zu sein, ist ein wichtiger Teil ihrer Entwicklung und gibt Ihnen Halt und Sicherheit. Aber Vorsicht: Auch die liebsten Gesprächspartner aus der Familie Ihres Expartners könnten Eigeninteressen einbringen und womöglich versuchen, Sie und Ihren oder Ihre Ex wieder zusammenzubringen. Das ist zwar ein ehrenwertes Anliegen, hier sollten Sie aber dann doch erwägen, den Kontakt (vorläufig) auf Eis zu legen. Es sei denn, Sie haben tatsächlich die Hoffnung, sich noch einmal versöhnen zu können.

KAPITEL VIII

FREUNDSCHAFTEN

Können Sie sich noch an Ihre Kinderzeit erinnern und an die allerersten Freundschaften, die Sie damals geschlossen haben? Wie stolz Sie waren, als Ihre liebste Kindergartengefährtin eines Tages sagte »Du bist meine beste Freundin!« oder »... mein bester Freund!«. Seitdem sind ein paar Jahre vergangen, und zwischenzeitlich werden viele von Ihnen, liebe Leserinnen und Leser, sich in mindestens eine feste Partnerschaft begeben haben und sind Eltern geworden. Jetzt sind es Ihre Kinder, die eine beste Freundin oder einen besten Freund haben – während Ihr Vertrauen in Freund- und/oder Partnerschaften womöglich durch die Lebenserfahrung ein bisschen gelitten hat. Trotzdem möchte ich gerade jetzt an Sie appellieren, Ihre Freundschaften zu pflegen und, wo immer Sie sympathische Menschen treffen, neue zu schließen. Denn im Leben von Alleinerziehenden spielen Freunde eine wichtige Rolle. Sie können in vielen Bereichen Rückhalt und emotionale Sicherheit geben und sorgen für mehr Spaß im Leben. Lassen Sie sich also von Vertrauensverlusten der jüngsten Zeit nicht Ihre besten Bekanntschaften und womöglich über viele Jahre gewachsene Freundschaften vermiesen – solche Bande sind unermesslich wertvoll und sollten nicht leichtfertig aufs Spiel gesetzt werden. Manch eine Freundschaft überdauert um ein Vielfaches Partnerschaften, Ehen und sämtliche denkbaren Krisen. Das, was Freunde miteinander teilen und übereinander wissen, geht manchmal sogar viel tiefer als das, was in klassischen Paar-Beziehungen an Miteinander entsteht.

WIE SIE ECHTE FREUNDE VON FALSCHEN UNTERSCHEIDEN

Freundschaften sind eines der schönsten Dinge im Leben, trotzdem gibt es auch zu diesem Thema einige Dinge, über die man sich durchaus Gedanken machen und verschiedene Ansichten haben kann. Die erste Frage, die man sich stellen könnte, wäre zum Beispiel, was gute Freunde überhaupt ausmacht, und welche demnach keine sind. Natürlich müssen Sie für sich selbst entscheiden, wie Ihre Freunde sein sollen und mit welchen Menschen Sie sich umgeben möchten. Dennoch denke ich, dass Sie vermutlich gerne Freunde haben möchten, die Sie unterstützen und auch dann für Sie da sind, wenn es Ihnen einmal schlecht geht. Nun, was sind also keine echten, ja womöglich sogar falsche Freunde? Über das erste Kriterium sprach ich grade schon, denn echte Freunde sind im besten Falle auch einmal in schwierigen Momenten für einen da. Das heißt natürlich nicht, dass Sie als Katastrophen-Monster von einem Desaster zum nächsten eilen dürfen und Ihre armen Freunde mehr oder weniger permanent Ihrem Gejammer lauschen oder Erste Hilfe leisten müssen! Wer so lebt, wird Schwierigkeiten damit haben, wahre Freundschaften zu erhalten, und erst recht damit, verlässliche neue Freunde zu finden. Genau in dieser Ecke finden Sie aber ein Phänomen, das gerne mit dem Begriff »Falsche Freunde« umschrieben wird. Falsche Freunde erkennen Sie zum Beispiel daran, dass diese immer nur in guten Zeiten für Sie da sind und ausschließlich Spaß mit Ihnen haben wollen. Geht es Ihnen einmal nicht so gut, halten diese sich lieber im Hintergrund und haben oft wortreiche Erklärungen parat, warum sie gerade jetzt leider überhaupt nicht für Sie da sein können. Selbstverständlich bedeutet das nicht, dass jemand kein guter Freund oder keine gute Freundin ist, wenn er oder sie einmal nicht weiterhelfen kann. Es ist also eine Erfahrungssache. Wer ist wirklich mit Leib und Seele dabei – egal ob es um Spaß oder Ernst geht? Wer ist auch für Ihr Kind oder Ihre Kinder ansprechbar, ohne den erhobenen Zeigefinger zu schwenken? Mit wem können Sie auch in der dunkelsten Stunde noch offen reden? Diese Menschen dürfen Sie mit Fug und Recht Ihre Freunde nennen.

Natürlich kann man Freundschaften nicht so leicht nur anhand von Kriterien bewerten, da schließlich auch Gefühle eine Rolle spielen. Aber genau das gilt auch, wenn Sie bestimmten Weggefährten zunehmend kritisch gegenüberstehen. Haben Sie bei manchen Menschen in Ihrem Umfeld über längere Zeit ein ungutes Gefühl, ist es Ihr gutes Recht, sich ohne ein schlechtes Gewissen zu distanzieren. Schließlich sind Ihre Zeit und Energiereserven für Freundschaften als Alleinerziehende ohnehin gezählt und sollten deshalb bevorzugt echten Freunden zugutekommen! Natürlich brauchen Sie es nicht zu übertreiben, indem Sie jeden gleich wegen unbedeutender Kleinigkeiten in die Wüste schicken. So unschön Ihre jetzige Situation auch sein kann, bedenken Sie bitte, dass es auch einmal die anderen sein können, die es gerade schwer haben. Gerade langjährigen Freunden gegenüber sollten Sie Verständnis und Toleranz entgegenbringen.

WIE SIE OHNE FACEBOOK,
TWITTER UND CO. NETZWERKEN

Um Freundschaften zu pflegen und aufrechtzuerhalten braucht es regelmäßigen Austausch. Und genau das kann manchmal gar nicht so einfach sein. Soziale Netzwerke wie Facebook und Twitter, oder Messenger wie zum Beispiel WhatsApp, haben die SMS mittlerweile abgelöst. In Briefform erhält man heute fast nur noch Rechnungen, behördliche Mitteilungen oder andere Unerfreulichkeiten, etwa wenn der Chef einem fristlos gekündigt hat. Der neue digitale Austausch hat selbstverständlich nicht nur schlechte Seiten, im Gegenteil! Ständig innerhalb von Sekunden mit der ganzen Welt in Kontakt zu sein ist natürlich eine tolle und lobenswerte Sache. (Die Frage ist natürlich, wie und mit wem man hinterher tatsächlich kommuniziert.) Dennoch muss ich Tante Ute in einer Sache wohl recht geben, es ist noch einmal viel unpersönlicher als das Briefeschreiben. Auch wenn es sich dabei »nur« um ein Stück Papier handelt.

Ich würde sogar noch ein Stück weitergehen und dasselbe über die SMS behaupten. Sie sind jetzt vermutlich etwas verwundert und denken sich, dass es doch wohl keinen Unterschied macht, ob eine Kurznachricht per SMS oder Internet-Messenger übermittelt wird. Das stimmt im Prinzip ja auch, aber SMS brauchen ein bis zwei Minuten, bis sie tatsächlich auf dem Handy des Empfängers ankommen, und kosten auch noch Geld. Falls Sie jetzt denken: Und das soll also positiv sein?«, haben Sie vermutlich einen gesunden Menschenverstand, allerdings geht es mir darum, dass man unter diesen Bedingungen nicht 500 SMS am Tag schreibt. Und somit manchmal auch etwas genauer darüber nachdenkt, ob eine Textnachricht jetzt gerade wirklich Sinn macht. Tante Ute drückt das Ganze aber natürlich lieber so aus: »Der ganze neumodische Dreck verdummt doch nur unsere Kinder!« Und ein Smartphone würde ihr selbstverständlich niemals ins Haus, geschweige denn in ihre wohlsortierte nugatfarbene Lacklederhandtasche kommen.

Ich denke mir: Wie so oft ist in Sachen Kontaktpflege womöglich der Mittelweg eine gute Idee. Während der persönliche Austausch mit den besten Freunden eine ganz andere Qualität bekommt, wenn man einfach mal kurz anruft, vorbeigeht oder sich wenigstens auf ein Stündchen trifft, kann die Pflege von lockeren Bekanntschaften über soziale Netzwerke durchaus gut funktionieren und in vielen Fällen ausreichen. Falls es Ihnen aber schwerfällt, neben Arbeit, Kindern und Haushalt regelmäßigen Kontakt zu halten, legen Sie doch eine Regel fest. So etwas wie »Jeden Donnerstagabend nehme ich mir mindestens eine Stunde Zeit für meine Freunde«. Und diese Zeit verwenden Sie dann tatsächlich nur für gute Freunde, die Ihnen wirklich am Herzen liegen.

59

WIE FREUNDSCHAFTEN SCHWERE ZEITEN LEICHTER MACHEN

Jeder hat einmal schwere Zeiten im Leben, in denen er kaum noch weiterweiß. Wenn man Dinge alleine nicht mehr schafft und keinen Ausweg findet, ist es doch toll, wenn man sich helfen lassen kann, und was liegt da doch näher, als den besten Freund oder die beste Freundin anzurufen. Wenn Sie gute Freunde haben, die nicht gerade selber in einer echten Krise stecken, werden Ihnen diese bestimmt gerne helfen. Steffano zum Beispiel ist zwar künstlerisch sehr begabt, allerdings handwerklich ziemlich ungeschickt. Und so kam es, dass letzten Dienstag die totale Verzweiflung bei ihm ausbrach. Sein Zeichentisch ließ sich nicht mehr in der richtigen Position feststellen – und er hätte ihn dringend gebraucht, um einen eiligen Auftrag fertigzustellen. Die Heldin, die ihm aus der Patsche half, war Luzie. Sie fuhr extra nach ihrem Feierabend in der Stadtbücherei noch mit dem Auto zum verzweifelten Steffano. Als sie dort mit einem kleinen Werkzeugkoffer und Klebeband bewaffnet ankam, dauerte es keine zehn Minuten, bis der Zeichentisch wieder genauso gut stand wie die unfertige Bilderserie, die Steffano nun darauf platzierte. Was ich damit sagen möchte, anderen helfen und selbst Hilfe bekommen ist für Alleinstehende mit Kind womöglich noch wichtiger als für Zweielternfamilien. Denn diese können eben nicht auf die Unterstützung des Lebenspartners oder der Lebenspartnerin bauen. Natürlich können Freunde auch dann helfen, wenn es gar nichts Konkretes zu tun gibt. Klingt verwirrend? Ist es aber nicht, denn auch ein ausgiebiges Gespräch mit der besten Freundin kann wahre Wunder wirken. Darüber hinaus macht es einfach Spaß, wenn man sich bestimmte Alltagspflichten mit Freunden teilt, etwa gemeinsam den Wocheneinkauf macht und sich gegenseitig beim Fahren und Schleppen hilft, einander wechselweise die Kinder zur Betreuung überlässt oder dann und wann einen Schwatz hält – auf dem Spielplatz, vor der Schule oder auf dem Fußballplatz, während die Kinder sich gegenseitig den Ball abjagen.

60

WIE ES MIT DEN FREUNDEN
IHRER KINDER AUSSIEHT

So, jetzt haben wir genug über Sie gesprochen, jetzt geht es um Ihr Kind! Besser gesagt geht es um dessen Freunde und Bekannte, denn selbstverständlich haben auch Kinder schon vom Kindergarten an ein Sozialleben. Die meisten Kinder finden schon dort die ersten Freunde. Wenn Ihr Kind sich anfangs schwertut, Anschluss und Freunde zu finden, kann ich Ihnen allerdings nur einen Rat geben: Egal ob im Kindergarten oder im Schulalter – zwingen sie ihm Kind keine Freunde auf. Es ist so ziemlich der häufigste Fehler, den ich bei Eltern mit kleineren Kindern erlebe. Vielleicht liegt es daran, dass gerade Alleinerziehende sich wünschen, jedes ihrer Kinder möge gut in die Gemeinschaft integriert sein und liebe Freunde um sich haben. Bedenken Sie aber, dass auch jeder ein anderes Naturell mitbringt, manche Kinder sind einfach nicht so gesellig und haben vielleicht nur ein oder zwei andere Kameraden, mit denen sie gerne spielen. Das ist völlig normal und kein Grund zur Sorge. Wenn ein Kind über Monate oder gar Jahre gar keinen Anschluss findet, kann es sinnvoll sein, einmal mit einem Kinderpsychologen oder einer Kinderpsychologin darüber zu sprechen. Es ist jedoch kein Grund, ein Kind *unfreiwillig* mit dem Kind der Arbeitskollegin verkuppeln zu wollen, weil es nach zwei Tagen im Kindergarten noch keinen besten Freund hat. Versuchen Sie so weit wie möglich, jedem Ihrer Kinder selbst die Wahl seiner Freundinnen und Freunde zu überlassen, und unterstützen Sie Ihren Nachwuchs dabei, Freunde zu treffen und einzuladen. Das ist gerade für Einzelkinder, die mit einem alleinerziehenden Elternteil aufwachsen, wichtig, da sie anderenfalls viel zu sehr in der Erwachsenenwelt gefangen wären und zu wenig Austausch mit Gleichaltrigen hätten.

→ Praxistipp: Live und in Farbe ist immer noch am besten

Immer dann, wenn es um echte Freundinnen und Freunde geht, bevorzuge ich das persönliche Gespräch, persönliche Treffen und einen möglichst direkten Austausch. Das macht Freundschaften um vieles lebendiger, ehrlicher und schöner. Versuchen Sie dieses Lebensgefühl auch Ihren Kindern zu vermitteln und machen Sie Ihnen klar, dass Facebook, Twitter und Co. niemals das abbilden können, was eine echte Umarmung, spontanes Zusammen-Toben oder Herumtollen und ein echtes Gespräch unter Freunden ausmacht. Denn auf dieser Basis ist echte Interaktion möglich, die bei Ihren Kindern das Verständnis für andere und ihre Fähigkeiten im Umgang mit anderen schult.

KAPITEL IX

ERZIEHUNG

Kinder werden nicht als kleine Gentlemen und Ladys geboren. Darum müssen ihnen gute Manieren irgendwann einmal beigebracht werden. Denn woher sollen sie sonst später wissen, wie man sich in den verschiedenen Situationen des Lebens angemessen verhält? Das bedeutet natürlich nicht, dass jedes Kind von Geburt an formvollendete Tischmanieren haben und schon kurz nach dem Eintreffen auf dieser Welt eine stilvolle Kommunikation mit der diensthabenden Hebamme betreiben muss. Es könnte aber doch sinnvoll sein, der kleinen Pauline verdammt noch mal beizubringen, dass man im Restaurant nicht Fangen spielt und ganz nebenbei auch noch die Teller der anderen Gäste als Frisbee missbraucht. Es gibt so viel zu lernen, bis Kinder von sich behaupten können, gute Manieren zu haben! Deshalb sollten Eltern frühzeitig mit einer entsprechenden Erziehung beginnen. Steffano hat es immer noch nicht geschafft, seiner Tochter ein gutes Benehmen beizubringen, und sie ist schon 15 Jahre alt. Da ist der Zug in Sachen Erziehung ja fast schon abgefahren …

61

WIE TRAURIG ES IST, DASS DIE KLEINE NAOMI IN DER NASE BOHRT UND IHR SCHNITZEL STEHEN LÄSST

Obwohl ich selbst Mutter bin, bekomme ich offen gesagt manchmal Aggressionen, wenn ich abends im Restaurant sitze und andere Eltern keine Notwendigkeit sehen, ihre Kinder auch nur ansatzweise im Zaum zu halten. Dabei sollte das doch gerade für Zweieltern-Familien eine der leichtesten Übungen sein, oder? Fünf Kinder rennen zwischen den Tischen hindurch, während ein anderes in direkter Sichtweite zu den anderen Gästen widerlicherweise lieber seine Popel verspeist als das ihm vorgesetzte Kinderschnitzel mit Pommes und Salat. Das finde ich offen gestanden einfach unfassbar. Als ich Kind war (dass ich so mal sprechen würde, hätte ich nicht gedacht!), da war es etwas ganz Besonderes, mit den Eltern essen zu gehen. Man zog sich etwas Ordentliches an und machte sich auf allerlei Ermahnungen gefasst, angefangen beim »Kind, hast du dir auch die Hände gewaschen«, über »Setz dich doch bitte gerade hin, was sollen denn die Leute denken?« bis hin zu »Nein, das ist zu teuer, komm her, ich suche etwas für dich aus!«. Dann saß man eine gefühlte Ewigkeit artig am Tisch, beäugte die Menschen an den Nachbartischen und freute sich darauf, mal etwas anderes auf den Teller zu bekommen, als die gewohnte heimische Kost. Die war zwar bei uns auch immer gut, aber der Genuss lebt ja schließlich von der Abwechslung. Tja, und kam das Essen dann, ging es weiter mit dem Benehmen. Wie verwendet man eine Stoffserviette, wie hält man das Besteck ordentlich und wie legt man es zum Ende der Mahlzeit auf den Teller, um zu signalisieren, dass das Gedeck abgeräumt werden darf. Das alles natürlich begleitet von den wohlwollenden Belehrungen der Erwachsenen. Heute kommen viele Kinder allem Anschein nach schon satt im Restaurant an. Wahrscheinlich haben sie bereits den ganzen Nachmittag irgendwelche Snacks und Süßigkeiten verputzt, sind müde und genervt, jetzt auch noch still sitzen zu sollen, und ihre erwachsene Begleitung findet nichts spießiger, als einem Kind die klassischen Tischmanieren beizubringen. Schade, schade. Ich meine, Kinder sollen Kinder sein dürfen, aber ich habe mich früher nicht so benommen. Auch wenn das jetzt vermutlich so klingt, als würde Ihnen Ihre Großmutter etwas von der »bösen Jugend von heute« erzählen, musste das einfach mal raus. Mein Fazit zu diesem Thema ist, dass man Kindern am besten ein paar grundlegende Manieren beibringt, ohne sie dabei zu kleinwüchsigen Erwachsenen zu machen. Dass Alleinerziehende mit mehreren Kindern dabei mitunter nicht allen gleichzeitig etwas beibringen können, leuchtet jedem ein. Doch letztlich kommt es doch auf die Haltung und den Anspruch an. Und was die kleine Naomi beim ersten Mal nicht mitbekommen hat, das lernt sie eben beim nächsten Mal. Nach dem Essen können sie und ihre Geschwister doch draußen rennen und springen, so viel sie möchten. Womöglich liegt auf dem Heimweg sogar noch ein Spielplatz mit Schaukel und Kletterturm.

62

WIE GEFÄHRLICH ES IST, WENN KINDER MIT EINEM GOLDFISCH »FINDET NEMO« GUCKEN

Eine gute Mutter oder ein guter Vater sollte den Kindern beibringen, wie sie Verantwortung für ihre Haustiere übernehmen. Egal ob Katze, Hund, Maus, Fisch oder Schlange: Gefüttert und gepflegt sein will jeder tierische Freund. Bestehen Sie darauf, dass Ihre Kinder diese Pflichten selbst übernehmen. Denn Sie als alleinerziehender Elternteil haben schließlich genügend andere Dinge im Kopf und möchten nicht auch noch täglich den Hamsterkäfig putzen oder wöchentlich mindestens 100 Liter Wasser im Aquarium auswechseln. Besonders mühsam mag Ihnen diese Aufgabe vorkommen, wenn es Ihr Expartner war, der den Kindern die süßen Schildkröten samt Riesenkäfig geschenkt hat – und Sie nun sehen dürfen, wo Sie dieses Monstrum unterbringen und wie Sie täglich an die damit verbundenen Pflichten erinnern. Ja, es gibt nun mal Geschenke vom anderen Elternteil, die in die Kategorie »Er (oder sie) hat sich stets bemüht« fallen. Wenn diese Geschenke noch dazu lebendig sind, wird es leider schwer bis unmöglich, sie eines Tages ganz unauffällig aus dem Leben der Kinder verschwinden zu lassen.

Trotz aller kindlichen Selbstständigkeit sollten Sie darüber hinaus ein Auge auf Kind und Tier haben. Kinder, die stolz einen Goldfisch ihr Eigen nennen, sollten zum Beispiel niemals ohne Betreuung den Film *Findet Nemo* anschauen. Ja, es gab schon so einige Sprösslinge, die aus lauter Gutherzigkeit ihren lebendigen Goldfisch in der Toilette heruntergespült haben. Und zwar, um ihm eine All-inclusive-Weltreise zu ermöglichen. Als Mia ihren vierjährigen Sohn Paul genau deswegen zur Rede stellte, antwortete er sehr selbstsicher und sich keiner Schuld bewusst: »Aber Mama, Mama, der Alfred hatte doch viiiel zu wenig Platz und war schon ganz traurig!« Daraufhin fragte Mia: »Was denkst du, was schöner für Alfred ist, ein 150 Liter-großes Aquarium oder eine 100.000 Liter große Kläranlage?« Diesen Satz bereute sie im Nachhinein sehr. Denn als Paul erfuhr, dass sein Goldfisch nicht wie Nemo im großen Meer herumschwimmen, sondern elend im stadteigenen Abwassersystem verenden würde, stand er wochenlang unter Schock. In der Hoffnung, dass Alfred doch noch zu retten sei, weigerte sich der arme kleine Kerl tagelang, nach dem Toilettengang die Spülung zu betätigen. Und Fisch braucht Mia seither auch nicht mehr auf die Speisekarte zu setzen, ganz egal ob in Stäbchenform oder paniert und in Dinosaurierform. Schon nach drei Monaten allerdings hatte Paul den Schock anscheinend überwunden. Als er von seinem Papa während eines Wochenendbesuchs einen neuen Goldfisch bekam, nannte er diesen kurzerhand Alfredo und vergaß schon nach wenigen Tagen, dass es sich um Alfred den Zweiten handelte.

63

WIE IHR KIND SELBSTSTÄNDIG WIRD

Klar, Eltern sind dazu da, auf Kinder aufzupassen, ihnen das wichtigste Handwerkszeug für ein eigenständiges Leben beizubringen und sie bestmöglich zu unterstützen. Letzteres artet aber teilweise so aus, dass Mama hinterher tagein, tagaus die ganz persönliche Butlerin spielt und sich womöglich auch noch sagen lassen darf, was denn der Herr Sohn und die Frau Tochter sich als Nächstes wünschen. Nicht nur, dass Mutter oder Vater vielleicht nicht die Lust und die Zeit haben, für ihre kostbare Brut jede Kleinigkeit selbst zu erledigen. Nein, auch die Selbstständigkeit des Kindes leidet unter solchen Verhältnissen. Kinder sollten mit der Zeit immer mehr Pflichten selbst übernehmen. Das heißt natürlich nicht, dass der dreijährige Paul sich selbst Mittagessen machen und anschließend die Küche blitzeblank putzen soll. Aber vielleicht, dass der 10-jährige Lukas sich sein Brot auch mal selber streichen kann und sogar hinterher die Butterdose wieder in den Kühlschrank räumt. Oft ist es auch gar nicht die Schuld der Kinder, dass die nötige Unabhängigkeit fehlt. Viele Eltern tragen ihren Kindern schon von klein auf alles hinterher und überhören mit bewundernswerter Ignoranz den Satz: »Ich will das selber machen!« Auch hier sollte aber unterschieden werden, ob die achtjährige Sophie sich selbst etwas im Restaurant bestellen möchte oder ob der vierjährige Johannes alleine aufs Dach klettern und die Satellitenschüssel ausrichten möchte. Führen Sie im Alltag nach und nach Dinge ein, die jedes Kind selbst übernimmt. Ist das eine gelernt, gehen Sie das nächste an. Je nachdem, wie Ihr Austausch mit dem anderen Elternteil ist, können Sie das beim nächsten Übergabetermin auch kurz absprechen. Dann weiß auch der Papa, dass Lukas seinen Pfannkuchenteig schon alleine anrühren kann oder sein Bett nach dem Aufstehen neuerdings alleine richtet. Das richtige Maß dabei zu finden ist auch eine Frage des Fingerspitzengefühls. Denken Sie darüber nach, ob Sie Ihrem Kind die besagte Aufgabe zutrauen oder nicht. Das sollte eigentlich selbstverständlich sein. Aber wenn ich dann Mütter auf der Straße sehe, die ihren vierjährigen Sprössling mal eben mit 50 Euro zum Pommesholen schicken, kommen mir wieder Zweifel. Bei Kindern im Teenager-Alter kommt der Impuls zum Abnabeln und Selbstmachen übrigens ganz von selbst. In dieser Zeit können auch alleinerziehende Eltern sich allmählich wieder etwas freier bewegen, sollten aber darauf achten, dass die Sprösslinge nach wie vor einen verbindlichen Rahmen an häuslichen Vereinbarungen einhalten.

64

WIE KINDER BESSER EINSCHLAFEN

Jetzt kommen wir zu Nummer zwei der olympischen Disziplinen im Themenkomplex Erziehung: die hitzigen Diskussionen über die Schlafenszeit. An dieser Stelle möchte ich Sie eindringlich warnen: Geben Sie nicht nach! Sonst müssen Sie sich schon nach kurzer Zeit fragen, warum die Route zur Toilette sich seit Neuestem durch Ihr Wohnzimmer schlängelt, direkt am Esstisch und Ihren Gästen oder greifbar nah an Couch und Fernseher vorbei. Oder warum Ihr zehnjähriges Kind seine Trinkflasche plötzlich dreimal in der Nacht leer trinkt und nicht in der Lage ist, sie selbst nachzufüllen? Greifen Sie konsequent durch, und stellen Sie unumgängliche Regeln auf.

Ich habe zum Beispiel eingeführt, dass das Wohnzimmer (inklusive der Türschwelle, von wo aus man perfekte Sicht auf den TV-Bildschirm hat) ab 21:00 Uhr Sperrgebiet ist. Dieses wird im Übrigen genauso gut bewacht wie die örtliche Polizeikaserne! Lassen Sie sich gar nicht erst auf Diskussionen ein, sondern weisen Sie Ihre Sprösslinge nur kurz auf die Regel hin. Es sei denn, Ihr Kind steht eines Abends mit roten Punkten übersät und vom Fieber schweißgebadet (Filzstift und Wasser gelten nicht!) vor Ihrem Bett.

65

WIE SIE DAS RICHTIGE MASS FÜR COMPUTER UND CO. FESTLEGEN

Manchmal ist es als Mutter oder Vater schwer, die richtigen Entscheidungen zu treffen. Ganz besonders wenn man diese Entscheidungen immer wieder ohne einen zweiten Elternteil treffen muss. Ein Thema, das in der Regel für heiße Diskussionen sorgt – nicht nur unter Alleinerziehenden: Wie lange sollten Kinder am Tag am Computer spielen dürfen? Ach, dachte ich, zum Glück kann man sich da ja mit anderen Eltern austauschen. Also nahm ich dann doch einmal die Einladung zu einem Expertenvortrag mit anschließender Fragerunde an einer örtlichen Schule an. Schon genau 2 Tage, 14 Minuten und 47 Sekunden später bereute ich meine Entscheidung, denn es stellte sich heraus, dass die hier anwesenden Eltern durch die Bank und ohne Wenn und Aber auf eine ausschließlich autoritäre, man könnte auch sagen willkürliche, Erziehung setzen. Ich fragte also einmal in die Runde, wie die anderen das mit der Zeit am Computer so regeln. Die Antworten, die ich erhielt, waren allerdings nicht so hilfreich wie erhofft: »Meine

Tochter darf einmal in der Woche *Die Sendung mit der Maus* schauen und fertig!«, sagte eine Mutter, während die anderen Antworten gaben wie: »Unter meiner Aufsicht darf mein Sohn Bernhard eine Stunde in der Woche *Tetris* spielen« oder: »So ein Ding haben wir erst gar nicht im Haus!« Als ich meinem zwölfjährigen Sohn davon erzählte, verdrehte er nur die Augen und meinte: »Mama, was kommt als Nächstes, ich wette: ›Kaufen Sie Ihrem Kind doch einen Rechenschieber!‹« Das war also mein erster und letzter Besuch in der Expertenrunde … Da waren ja die Erziehungsratschläge von Tante Ute noch besser! Und auch diese Worte würde ich nach nur 12 Tagen, 3 Stunden, 4 Minuten und 8 Sekunden bereuen, denn Tante Ute kam zum Abendessen vorbei.

66

WIE STEFFANOS RAT TANTE UTE UND DIE KILLERSPIELE BESIEGT

Als wir einige Minuten später auf dasselbe Thema wie in der Expertenrunde zu sprechen kamen, sagte sie bloß: »Damit er dann hinterher anfängt, diese ganzen Killerspiele zu spielen oder was?« Ich fragte mich in Gedanken, welches Bild sie wohl vor Augen hatte, wenn sie von Killerspielen sprach. Aber jetzt nachzufragen hätte vermutlich den gesamten Abend mit einem Satz ruiniert … Sie änderte ihre Meinung auch dann nicht, als ich ganz vorsichtig erwähnte, es sei doch aber schon wünschenswert, dass Kinder den Umgang mit Medien frühzeitig erlernen, statt einfach nur mit einem Schilderwald an Verboten konfrontiert zu werden. Nein, für die kategorische Tante Ute ist und bleibt der Schilderwald das Mittel der Wahl in der Kindererziehung – und zwar nicht nur in Bezug auf Computerspiele.

Später kam ich noch auf die Idee, Steffano zu fragen. Genau 16 Stunden, 8 Minuten und 19 Sekunden später merkte ich, dass das eine gute Entscheidung war. Denn Steffano riet mir, mein Kind doch einfach mal selbst zu fragen, wie lange es am Tag am Computer sein möchte, und dann einfach einen Kompromiss zu finden. Kein Wunder, dass er immer einen guten Rat auf Lager hat, denn seine Tochter ist ein Extremfall von Dickköpfigkeit, und trotzdem schafft auch er es irgendwie mit der Erziehung. Ich sprach also mit Aaron, und wir einigten uns auf ein festes Zeitkontingent für jeden Tag. Und hielt er sich einmal nicht daran, erinnerte ich ihn mit Verweis auf Steffano an sein Zeitlimit – das gefiel ihm, denn er achtet Steffano, und so hatte er keine Mühe damit, meine Ermahnung ernst zu nehmen.

67

WIE AUFRÄUMEN ZUR KUNSTFORM WIRD

Alleinerziehende Eltern sollten stets Ordnung in ihrer Wohnung halten und ihren Kindern beibringen, dies in ihren Zimmern ebenfalls zu tun. Dennoch lassen die Ordnung und die Sauberkeit im Kinderzimmer bekanntlich oft zu wünschen übrig. Kürzlich haben es die Zwillinge von Luzie aber echt übertrieben. Als sie die Tür zum Kinderzimmer öffnete, sah sie gefühlte 200 Blätter Papier in Form von Kugeln, Papierfliegern und Krakeleien im ganzen Zimmer herumliegen. Auf dem Laptop lief gerade ein Video über irgendeinen »Papierflieger Papst«. Natürlich hatten die beiden so gar keine Lust, die Bescherung wieder zu beseitigen, und behaupteten, das alles sei Kunst. Als Luzie die Ausrede nicht gelten ließ und sie zum

Aufräumen verdonnerte, sagten sie nur: »Als Steffano letztens bei uns war, hat er gesagt, alles kann eine Kunstform sein!« Im Zimmer von Steffanos Tochter Lisa sieht es trotzdem um einiges aufgeräumter aus. Um es auf dem Punkt zu bringen, es sieht aus wie in einem frisch eingerichteten Beautysalon. Das liegt vermutlich an den rund 80 verschiedenen Nagellackfläschchen, den 28 Schminkpaletten und etwa 15 Gesichtsmasken, die fein säuberlich auf drei Tischen gestapelt sind.

Wie wichtig das eigene Verhalten für die so gepriesene Vorbildfunktion ist, sieht man an meiner Nachbarin Silvie. Sie ist zwar in puncto Ernährung und Sport nicht das ideale Vorbild, aber das ändert nichts daran, dass ihre Wohnung der Inbegriff von Sauberkeit und Ordnung ist. Der Boden ist so blitzeblank, dass man sein Abendessen darauf verzehren könnte, das Bad sieht aus wie ein Musterbad im Einrichtungshaus, und selbst in den Kinderzimmern ist alles am Platz, nicht mal ein Buch liegt offen herum. Und wenn sie mal auf einen Kaffee in meiner Küche sitzt, bemängelt sie ohne mit der Wimper zu zucken unsere Sauberkeit und Ordnung. Ganz anders sind da die Kinder unserer Nachbarn auf der anderen Seite, deren Zimmer praktisch unbetretbar sind: Zu viel *Star Wars*-Equipment blockiert die Tür, von innen hört man keine Kinderstimmen, sondern nur die Geräuschkulisse der neuesten Gaming-Hits. Dagegen sind Silvies Haushaltsführung und Erziehung ja fast schon altertümlich normal, auch wenn bei ihr des Öfteren Dosensuppe statt Vollwertkost auf den Tisch kommt. Kommen wir zurück zum Thema Aufräumen. Luzie jedenfalls ließ bei Marie und Robin den Status Kunst für ihr Chaos nicht gelten. »Das hier jetzt alles aufzuräumen ist Kunst«, rief sie die neue Devise aus. »Und zwar jetzt sofort!«

WIE AUS KINDERN TEENAGER WERDEN

Zunächst einmal möchte ich Ihnen an dieser Stelle die Bedenken nehmen, Sie könnten womöglich die beginnende Pubertät Ihrer Tochter oder Ihres Sohnes übersehen. Keine Sorge: Das werden Sie ganz bestimmt nicht! Für viele Eltern beginnt dieser neue Abschnitt im Leben ihrer Kinder – und damit auch für sie selbst – mit der Feststellung, dass die lieben Kleinen plötzlich nicht mehr so viel in ihrer Begleitung unternehmen möchten, die gemeinsamen Familienausflüge langweilig finden und sich lieber mit ihren Freunden treffen. Bei uns verlief das zunächst ganz unauffällig. Wenn wir zusammen in der örtlichen Einkaufsmeile unterwegs waren, meinte Aaron immer häufiger: »Du Mama, ich lauf schon mal vor und geh noch schnell bei meinen Freunden am Turm vorbei.« Dabei hatte er es plötzlich so eilig, dass ich schon wähnte, es sei ihm peinlich, mit mir zusammen gesehen zu werden. Ich schlenderte alleine mit meinen Einkäufen weiter und entdeckte vor einem Schreibwarengeschäft einen Ständer mit Postkarten. Gedankenverloren las ich vermeintlich witzige Kartentexte wie »Pubertät ist, wenn die Eltern schwierig werden« oder »Vorsicht – freilaufender Teenager«. Ach ja, dachte ich ganz entspannt, bis es bei uns so weit ist, dauert es noch ein bisschen. Eine Woche später wollte Aaron nachmittags mit einem Freund in die Stadt fahren. Leider hatte an diesem Tag keiner seiner Freunde Zeit, also bot ich an, ihn zu fahren. Ich hätte mir die Zeit dafür zwar mehr oder weniger aus den Rippen schneiden müssen, aber was soll's. Ich nehme mir doch ohnehin viel zu wenig Zeit für die Familie, oder? Aarons Reaktion sollte kein Einzelfall bleiben: »Nee, lass mal, Mama.« Beim zweiten, dritten und vierten Mal so ähnlich, und inzwischen weiß ich, dass er den Weg in die Selbstständigkeit angetreten hat und mich dazu nicht mehr an seiner Seite möchte. Dennoch, ein gemeinsamer Spaziergang oder Ausflug dann und wann darf es auch mit zwölf noch sein. Doch auch die gestalten sich mittlerweile anders als gewohnt. Ich darf ihn natürlich nicht mehr fotografieren (!), und wenn doch, dann nur mit der ultimativ genervten Fratze. Nebenbei muss ich mir bei gemeinsamen Unternehmungen alle paar Meter kluge Kommentare anhören, wie unpassend mein Verhalten doch ist oder dass ich ja wirklich überhaupt keine Ahnung von Computern und fortschrittlicher Technik habe (das könnte sogar stimmen, aber das muss ich ja schließlich auch nicht, oder?). Neulich dachte ich schon hin- und hergerissen zwischen Amüsement und Verärgerung: Bin ich jetzt der Teenager oder er? Ich merkte, wie sich in mir eine extra Portion »Gleich reicht's mir« breitmachte. Und als ich ihn mit ironischem Augenzwinkern »mein Sonnenschein« nannte, kommentierte er bissig: »Ich bin nicht dein Sonnenschein, ich bin eine Mondfinsternis!«

Bei Silvie ist die Lage mit ihrem 14-jährigen Sohn Günter schon weiter fortgeschritten. Er versucht sich seit einigen Wochen in der Totalweigerung, auch nur die kleinste Pflicht im Haushalt zu erledigen. Und Pünktlichkeit bei Verabredungen mit seiner Mutter oder beim Heimkommen nach abendlichen Ausgängen ist neuerdings auch tabu. »Das lasse ich mir aber nicht bieten«, erklärte sie mir kürzlich empört. »Der Junge kann sich ja gerne mehr mit seinen Freunden treffen, aber die häuslichen Vereinbarungen bleiben!« – »Richtig so. Günter braucht einen festen Rahmen, von dem aus er langsam mehr Freiheiten bekommt«, meinte Luzie dazu, als ich ihr später davon erzählte.

WIE IHRE KINDER VON LANGEWEILE PROFITIEREN

Klar ist es toll, wenn ein Kind eine schöne Beschäftigung hat, die ihm im besten Falle auch Freude bereitet. Ebenfalls toll ist es, wenn Eltern mit ihren Kindern zusammen Dinge unternehmen, an denen alle Spaß haben. Viele Eltern fühlen sich aber dazu verpflichtet, ihre Kinder dauerhaft zu unterhalten und sie förmlich mit Aktivitäten zu überschwemmen! Kinder können sich zum einen auch ohne Probleme mal selbst beschäftigen, zum anderen ist es auch kein Drama, wenn sie sich einmal etwas langweilen, dies steigert ja bekanntlich die Kreativität. Das bedeutet nicht, dass der liebe Jonathan zu Hause bleiben muss, wenn seine Eltern zwei Wochen lang in den Urlaub fliegen, weil er lernen soll, sich selbst zu beschäftigen. Es könnte aber heißen, dass die Mutter der kleinen Hanna nicht in Panik verfallen muss, weil sie eine Woche lang nicht mit ihr in den Freizeitpark gehen kann. Manche Kinder wünschen sich im Übrigen sogar mehr Freizeit, die sie für sich selbst gestalten können. Sie sind also keine schlechte Mutter und kein schlechter Vater, nur weil Sie Ihren Kindern kein Dauerunterhaltungsprogramm anbieten. Im Gegenteil: »Kinder müssen sich auch mal langweilen dürfen, das ist wichtig für eine gesunde Entwicklung der Persönlichkeit«, erklärte mir vor Kurzem Luzie, während sie gedankenverloren, aber mit der gebotenen Gründlichkeit die letzten Spuren ihres geliebten Eisbechers auskratzte. Und sie muss es ja schließlich wissen.

WIE VIEL SPASS EIN BLICK ÜBER
DEN TELLERRAND BRINGT

Man jammert gerade als alleinerziehende Mutter oder als alleinerziehender Vater ja immer darüber, dass man (oder frau) so wenig Zeit hat, um sie mit seinem Kind zu verbringen. Ist die Zeit dann endlich einmal da, hat man manchmal vor lauter Pflichtprogramm gar keine entspannten Ideen mehr. Die Frage ist nun also, was man überhaupt mit seinem Kind unternehmen möchte. Ich könnte Ihnen jetzt einfach eine langweilige Liste mit möglichen Aktivitäten vor die Nase setzen. Aber ich denke, die gibt es schon genug – und Sie haben sicherlich schon mindestens eine davon zu Hause. Deshalb an dieser Stelle einfach einmal ein paar Impressionen aus Steffanos Unternehmungen mit Lisa, als sie noch ein kleines Mädchen war. Der kreative Steffano ist mit Lisa zum Beispiel des Öfteren auf einen großen ungenutzten Parkplatz gefahren, um dort mit abwaschbarem Graffiti-Spray Kunstwerke zu schaffen. Sie malten über den ganzen Parkplatz, also wirklich groß. Als das Kunstwerk fertig war, stiegen sie auf einen nahe gelegenen Aussichtsturm, um ihr Kunstwerk mit dem Fernglas von oben zu betrachten. Wirklich kreativ, denken Sie? Ja, das stimmt! Mindestens genauso kreativ war aber auch die Idee von Lisa, ihrem Vater unbemerkt ein Blindenzeichen auf die Jacke zu sprühen. Wie das aussieht, hatte sie in der Schule gelernt. Es war dazu da, blinde Personen als solche zu erkennen. Steffano wurde ziemlich komisch angeschaut, als er zusammen mit Lisa ganz unbeschwert durch die Stadt hüpfte. Ein anderes Mal wollte Steffano Lisa seine sportlichen Fähigkeiten unter Beweis stellen, Schwimmen sollte es sein. Da Steffano sehr naturverbunden ist, wollte er nicht in ein gewöhnliches Schwimmbad fahren. Der örtliche Baggersee war ihm allerdings zu schmutzig. Also stieg er kurzerhand mit Lisa ins Auto, um im Nachbarort ein besonderes Erlebnisbad zu besuchen. An sich war das vermutlich auch eine ganz gute Idee. Schade nur, dass sich heutzutage jeder gewöhnliche Swimmingpool schon Erlebnisbad nennen darf. Als die beiden dort ankamen, erwartete sie ein kleines Schwimmbecken, auf dem etwas Müll trieb – ob das wohl das außergewöhnliche Erlebnis war, von dem im Branchenbuch so vollmundig geschwärmt wurde? Na ja, der Preis war allerdings wirklich aufregend: 4,50 Euro pro Person, und für Schüler gab es hier statt eines Rabatts den stattlichen Preis von 5,00 Euro. Als Steffano fragte, wie dieser Unterschied denn zustande käme, erwiderte die Frau am Schalter nur: »Na Sie wissen doch, die Kinder müllen immer alles voll, wir entfernen sämtlichen Müll innerhalb von wenigen Minuten, und das muss eben in den Preis mit eingehen!« Steffano und Lisa betraten also das Bad, breiteten ihre Handtücher aus und warteten darauf, dass endlich »innerhalb von Minuten« vorübergehen würde und sie in einen sauberen, wenn nun auch erlebnisfreien, Pool springen könnten. Wie sich herausstellte, war das Warten aussichtslos, und so kam es, dass die beiden schließlich mit ihrem Wasserball Fußball spielten. Es wurde tatsächlich ein sehr spaßiger Nachmittag, für den Vater und Tochter aber weder 40 Kilometer hätten fahren, noch 9,50 Euro Eintritt hätten zahlen müssen. Ein anderes Mal waren die beiden im Kletterpark, Steffano stürzte im Kinderbereich ab, und die beiden mussten eine halbe Stunde lang so schallend lachen, dass sie zur Hauptattraktion des Nachmittags wurden und auch niemand der anderen Besucher mehr klettern wollte. Solche Geschichten gibt es von den beiden noch Hunderte, bis zu dem Punkt, an dem Lisa allmählich erwachsener wurde und mehr mit ihren Freunden als mit ihrem Vater unternahm.

→ Praxistipp: Eigene Maßstäbe setzen

Lassen Sie sich von den ganzen schlauen Kommentaren aus Ihrem Umfeld nicht verunsichern. Gerade bei Alleinerziehenden nehmen viele Verwandte und Bekannte an, dass Sie womöglich mit der Erziehung überfordert sein könnten. Doch schließlich kennt niemand Ihre Kinder so gut wie Sie selbst – und deshalb können auch nur Sie wissen, was für Ihre Schätze das Beste ist.

KAPITEL X

SCHULE

DIE EWIGE HERAUSFORDERUNG

Jedes Kind wird früher oder später einmal auf diesen Albtraum stoßen. Nein, kein Seeungeheuer, keine Monster unter dem Bett: HAUSAUFGABEN! In der ersten Klasse stellen sie meist noch kein Problem dar. Viele Erstklässler haben sogar Spaß daran, diese ungewohnte neue Pflicht zu erfüllen. Außerdem können sie sich so ein Lob und ein buntes Smiley bei ihrer Klassenlehrerin abholen.

71

WIE SIE EIN JAMMERNDES KIND DAZU BRINGEN, SEINE HAUSAUFGABEN ZU MACHEN

Spätestens ab Klasse 3 sind 99 Prozent der Kinder auf das Thema Hausaufgaben gar nicht mehr gut zu sprechen. Die Verzweiflung liegt schon nach kurzer Zeit meist nicht mehr nur bei den Kindern. Vor allem, weil Alleinerziehende leider überhaupt keine Zeit haben, sich nachmittags stundenlang neben ihre nörgelnden Prinzen und Prinzessinnen zu setzen und immer wieder warmherzige Worte der Motivation auszusprechen. Bei Silvies jüngerem Sohn eskalierte die Lage irgendwann so weit, dass sie ihrem Leckermäulchen verbot, Süßigkeiten zu essen, bis er seine Hausaufgaben in Schönschrift vervollständigt hatte. Allerdings war sie nach diesen Kämpfen so mit den Nerven fertig, dass sie in ihrem Schlafzimmer heimlich genau die Schokoladenvorräte plünderte, die sie so sorgfältig vor den Kindern versteckt hatte. Diese Erziehungsmaßnahme konnte auf die Dauer keine Lösung sein!

Generell ist es wohl keine pädagogisch wertvolle Idee, Kinder mit Verboten zu den Hausaufgaben zu zwingen. Vielen Kindern fällt es leichter, nachmittags zu lernen, wenn sie dies zusammen mit einem guten Schulfreund oder der besten Freundin tun können. Allerdings sollte hier darauf geachtet werden, dass auch wirklich etwas für die Schule getan wird. Die wohl bequemste Möglichkeit ist es, die Kinder einfach in die Hausaufgabenbetreuung zu schicken. Wenn Ihr Kind aber dann als Deutschhausaufgabe aufbekommt, einen zweiseitigen Aufsatz zu schreiben, und es aus der sogenannten »Betreuung« Stunden später mit einem einzigen geschriebenen Satz herausstolziert, ist das Problem nach wie vor ungelöst – und Ihr unfreiwilliges Abendprogramm nimmt seinen Lauf. Außerdem gibt es auch Kinder, die die Hausaufgaben in einer Betreuung genauso wie zu Hause verweigern. Die Möglichkeiten der Betreuer sind sogar noch kleiner als Ihre. Oder soll der Betreuer Ihnen etwa sagen, dass SIE Hausarrest für ungemachte Hausaufgaben erteilen sollen? Und schon ist wieder alles beim Alten. Das Leben Ihrer Kinder ist vermutlich etwas leichter als Ihr eigenes. Denn im Gegensatz zur Schulranzen-Vollausstattung zum Sonderpreis gibt es bei der Erziehung keine Komplettlösung.

72

WIE PAULA DOCH NOCH DIE DREI IN MATHE SCHAFFT

Ihr Kind ist gut in Biologie? Schön und gut, aber es wird sicher nicht auch in Mathematik, Physik und Chemie, Erdkunde und Englisch ein Einser-Schüler sein. Wenn doch, dann sollten Sie sich vermutlich Sorgen um die Freizeitgestaltung Ihres kleinen Genies machen. Da dies aber vermutlich nicht der Fall ist, liegt Ihre Sorge wohl eher darin, ihm Unterstützung für Fächer mit schlechten Noten anzubieten. Das muss zum Glück nicht heißen, dass sich der Alltag Ihres Sprösslings künftig nur noch vor Schulbüchern abspielt. Ebenso wenig ist damit gemeint, dass Ihr Kind nicht zwischendrin mal eine Drei schreiben kann. Wenn der Notenschnitt in einem Fach aber unter die Grenze der magischen »Drei Minus« fällt, liegt der Gedanke an Nachhilfe in der Luft. Wären Sie jetzt nicht in der Situation, alleinerziehend zu sein, wäre die erste Idee vielleicht, dass sich der Partner mal mit dem Kind vor die Schulbücher setzt. Da diese Unterstützung selbst bei regelmäßigen Besuchszeiten beim anderen Elternteil eher selten zustande kommt, brauchen Sie einen Plan B. Nachhilfe muss nicht immer heißen, einen zwar gut ausgebildeten, aber leider auch 25 Euro pro Stunde teuren Nachhilfelehrer anzuheuern, den sich die meisten frischgebackenen Alleinerziehenden nun mal nicht leisten können. Nein, Nachhilfe kann auch bedeuten, sich von Bruder, Schwester, Mama, Papa, Onkel, Tante und Co. weiterhelfen zu lassen. Lassen Sie Ihr Kind allerdings niemals mit einigen Schulbüchern und einer Person wie Onkel Bernhard alleine. Nicht, dass Onkel Bernhard womöglich gar nicht rechnen kann. Allerdings beginnt die Antwort auf eine simple Rechenfrage bei ihm meist so: »Ach ja Mathematik, ich weiß noch, als ich damals bei der Eisenbahn die Menge der nötigen Kohle und die Fahrzeit ausrechnen musste. Das war noch was für die echten Kerle, damals war man noch ein waschechter Lokomotivführer und kein ausgebildeter Beförderungsspezialist.« Solche Geschichten können ja durchaus interessant und gut zum Einschlafen sein. Nur schade, dass sie die Mathelehrerin am nächsten Tag so wenig begeistern. Onkel Bernhard kann nun mal keinen klaren Gedanken fassen, ohne an seine Jugend zurückzudenken oder anderweitig vom Thema abzuschweifen. Für einen netten Abend voller Geschichten am Kaminfeuer ist er also der perfekte Ansprechpartner, für Nachhilfe aber nicht.

Klar, Ihr Kind wird sicher keine begeisterten Luftsprünge machen, wenn Sie ihm Nachhilfe verordnen. Das liegt aber meist nicht nur daran, dass kaum ein Kind gerne lernt oder mehr als unbedingt nötig für die Schule macht. Nachhilfe ist als Wort einfach negativ behaftet. Viele Kinder denken dann in etwa so viel wie: Nachhilfe ist für die Dummen! Daher sollten Sie Ihrem Kind vermitteln, dass Nachhilfe zu nehmen kein Zeichen für mangelnde Intelligenz, sondern einfach nur eine kleine Unterstützung ist. Wenn Sie selber nicht genug Zeit oder Wissen auf einem Gebiet haben, ist ein Nachhilfelehrer also genau das Richtige. Viele Schulen bieten sogar nachmittags kostenlose Hausaufgabenbetreuung an, wo ältere Schüler oder engagierte Fachlehrer bei Fragen zum Schulstoff weiterhelfen. Egal, für welche Variante Sie sich entscheiden: Wichtig ist, dass Ihr Kind bereit ist, sich auf die Unterstützung einzulassen – sonst bringt der ganze Aufwand leider gar nichts.

73

WIE SIE IHR SCHULKIND ZUM FRÜHAUFSTEHER MACHEN

Das Einzige, was die Schwierigkeit des Einschlafens von der Problematik des Aufstehens trennt, ist eine meist viel zu kurze Schlafphase. Das ist für Alleinerziehende eine besonders harte Zeitspanne. Denn schließlich haben Sie mitten in der Nacht niemanden, der das schreiende Baby beruhigt oder das fiebernde Kleinkind von seinem nass geschwitzten Nachthemd befreit. Es sei denn, die fürsorgliche Großtante, Schwester oder Cousine ist für ein paar Tage in der Stadt – und eine solche hat nicht jeder. Umso besser, wenn Sie für diese Herausforderungen eine kluge Strategie haben. Den ersten wichtigen Hinweis haben Sie schon gelesen: Schicken Sie Ihre Kinder rechtzeitig ins Bett. Denn dann sind sie zur gewünschten Zeit oft schon von selbst munter. Auch nicht zu unterschätzen: Morgendliches Aufstehen fällt leichter, wenn man immer um dieselbe Zeit aufsteht. Wecken Sie Ihre Kinder also auch am Wochenende nicht zu spät, damit der Schlafrhythmus gleichmäßig bleibt. Selbst Steffano hält sich an diese Regel. Wenn er am Wochenende mal wieder eine Nacht lang kreativ an seinen Comiczeichnungen sitzt und erst um vier Uhr morgens im Bett landet, weckt er Lisa trotzdem am Sonntag um acht Uhr auf. Er kann sich nach dem gemeinsamen Frühstück ja wieder gemütlich in die Federn werfen, während seine Tochter ihre 10.000 WhatsApp-Nachrichten checkt. Leider erst recht nicht zu unterschätzen: wenn Ihre Schätze zwischendurch beim Papa wohnen, dem es leider am besten gefällt, bis nachts um halb eins mit den Kindern herumzuturnen. Oder dem es einfach egal ist, was die Kinder abends treiben und der seine Sprösslinge ganz pragmatisch vor die Gaming Station packt und vergisst, diese wieder auszuschalten, bevor er selbst schlafen geht. Bei Hans' und Günters Vater (der keine Gaming Station in seiner Wohnung hat) weiß Silvie schon, woran sie ist, wenn sie auf ihre Frage »Wann sind unsere Söhne denn gestern ins Bett gegangen?« KEINE Antwort, sondern nur ein verlegenes Lächeln erhält. Das heißt nämlich nur eins: GAR NICHT.

74

WIE SIE GELASSEN BLEIBEN, WENN KINDER STREITEN

Wenn Kinder streiten, kann es manchmal ganz schön zur Sache gehen. Bei den Kleinsten hält sich das naturgemäß noch in Grenzen, wobei auch ich nicht begeistert war, wenn andere Kleinkinder im Sandkasten mit der Schaufel nach meinem Goldschatz ausholten. Ich nehme an, es sind irgendwelche mütterlichen Schutzgene, die in solchen Momenten für eine tiefe, kaum zu ignorierende Empörung sorgen. Andere Menschen nennen es Mitgefühl. Selbstverständlich gilt es dieses dann ganz vernünftig in den Griff zu bekommen und die Kinder mit sanfter Stimme zum gemeinsamen Spiel anzuregen. So oder so ähnlich zumindest ...

Wenn Kinder in der Wohnung streiten, hilft es oft schon, wenn Sie die ganze Szenerie nach draußen verlagern. Rufen Sie zum gemeinsamen Spielplatzbesuch auf, oder lassen Sie die raufende Horde hinaus auf die Spielstraße oder in den Garten. Dort kühlen sich die Gemüter in der Regel schnell wieder ab. Auch Ablenkung ist ein gutes Rezept. Unterbrechen Sie den Streit einfach mit einer Ansage, die den Kindern etwas anderes abverlangt, etwa: »Das Abendbrot ist fertig. Ab zum Händewaschen und in die Küche!« Oder verlangen Sie, dass das Kinderzimmer aufgeräumt wird. Dann können sich die Streithähne im gemeinsamen Groll gegen diese Auflage verbünden, denn Aufräumen ist lästig und unerwünscht!

Doch bedenken Sie bitte auch, dass Streit ab und zu ein wichtiger Weg für die Persönlichkeitsentwicklung ist. Denn schließlich lernt Ihr Nachwuchs auf diese Weise, sich mit anderen auseinanderzusetzen, und erprobt verschiedene Verhaltensweisen. Unterstützen können Sie Ihr Kind dabei am besten, wenn Sie Regeln aufstellen, die alle Geschwisterkinder dazu ermutigen, sich in Auseinandersetzungen konstruktiv zu verhalten. Das heißt zum Beispiel, den anderen zuzuhören, sie ausreden zu lassen, selbst Lösungen vorzuschlagen und Ähnliches. Lassen Sie die Dynamik der Auseinandersetzung aber möglichst bei den Kindern. Keinem Sprössling ist damit geholfen, wenn Mutter oder Vater ständig dazwischengehen und die Sache von der Erwachsenenwarte aus lösen. Schließlich muss Ihr Liebling seine Konflikte später auch alleine in den Griff bekommen – und je eher er oder sie sich dann darin ausprobieren konnte, desto besser. Außerdem könnte es richtig peinlich werden, wenn Steffano sich ausgerechnet Lisas neueste Flamme krallt, um ihm Manieren beizubringen.

155

Manchmal kann Streit unter Geschwistern jedoch auch ein Mittel sein, um den Vater oder die Mutter zu mehr Aufmerksamkeit zu ermuntern. In diesen Fällen ist es oft hilfreich, wenn einer der Eltern sich einmal gezielt mit nur einem Kind beschäftigt, etwa einen kleinen Ausflug oder Spaziergang nur mit ihm macht. So fühlt sich jedes Kind ausreichend gesehen und muss die Aufmerksamkeit nicht mit anderen Mitteln einfordern.

Anders sieht es aus, wenn Kinder von Alleinerziehenden – etwa durch nervenaufreibende Streitereien der Eltern – in dieser Hinsicht traumatisiert sind. In solchen und vergleichbaren Fällen ist selbstverständlich eine erhöhte Sensibilität im Umgang mit dem Thema Streit und Auseinandersetzung wichtig.

75

WIE SIE SOUVERÄN REAGIEREN, WENN ES STREIT MIT KLASSENKAMERADEN GIBT

In der Schule treffen viele verschiedene Kinder aufeinander. Wenn sich viele Menschen irgendwo tummeln, dann führt das nicht nur bei den ausgewachsenen Zeitgenossen zu Meinungsverschiedenheiten oder Auseinandersetzungen. Diese Tatsachen zu ignorieren und sich in eine wunderschöne rosafarbene Welt zu träumen funktioniert im Kindergarten genauso wenig wie in der Schule, der Arbeit oder im Bundestag. Was ich Ihnen damit sagen möchte: Niemand ist irgendwo sicher vor Konflikten. Wir müssen uns ihnen stellen oder ihnen bestmöglich aus dem Weg gehen. Unser Nachwuchs ist gerade in der Zeit von Kindergarten und Grundschule noch nicht immer in ausreichendem Umfang argumentativ und schlagfertig. Außerdem mutieren viele Mütter in dieser Phase zu zickigen, wenn auch bemühten Kampfmaschinen, die ihre Brut um Leben und Tod (oder zumindest das Ansehen in der Mütterrunde) beschützen wollen. Diese explosive Kombination führt nicht selten dazu, dass der eigentliche Kampf unter den Müttern ausgetragen wird. Es geht dann auch gar nicht mehr um das Problem an sich, und es ist egal, ob Josef und Hannes sich längst wieder vertragen haben und in diesem Moment glücklich zusammen im Sandkasten spielen. Nein, es geht darum, welches Kind am intelligentesten, welche Mutter fürsorglicher und welche Familie am glücklichsten ist! Allerdings kann man es den Müttern auch nicht nur vorwerfen, wenn man sich in ihre Lage hineinversetzt. Das Problem ist eben, dass fast keine Mutter den Vorfall unter den Kindern vernünftig und objektiv betrachten kann, solange es dabei um IHREN LIEBLING geht. Klar will so gut wie jede Mutter nur das Beste für ihr Kind, aber manche Mütter oder auch Väter ignorieren dann einfach jegliches Fehlverhalten ihres eigenen Kindes und geben diesem bedingungslos *immer* recht. Wenn es im Kindergarten darum geht, dass Paul die Sophie mit Apfelsaft überschüttet hat, kann man dies ja vielleicht noch als »mütterliche Schutzmaßnahme« werten. Wenn es aber in der 7. Klasse darum geht, dass Phil Jonas drei Zähne ausgeschlagen hat und Phils Eltern ganz selbstverständlich auf der Unschuldsvermutung beharren, ist das meiner Meinung nach nur noch blinde Ignoranz. Das bedeutet nicht, dass Sie zu einer privaten Verschwörungstheoretikerin werden müssen, die ihrem eigenen Kind ständig misstraut. Es könnte aber sinnvoll sein, auch wenn es manchmal schwerfällt, nicht immer und überall grundsätzlich Partei für das eigene Kind zu ergreifen. Ich glaube, dass alles viel ruhiger ablaufen würde, wenn mehr Eltern bei solchen Auseinandersetzungen möglichst erwachsen und objektiv bleiben würden. Die Realität sieht leider oft anders aus: Viele Eltern verhalten sich in solchen Momenten fast so kindisch wie ihre eigenen Töchter und Söhne.

76

WIE SIE EIN GUTES VERHÄLTNIS ZU DEN LEHRERN AUFBAUEN

Ich gebe es zu, dieses Thema ist kein einfaches. Und leider muss ich Ihnen gestehen, dass ich ganz sicher nicht die richtige Person bin, um Ihnen in dieser Sache den ultimativ nützlichen Rat zu geben. Trotzdem möchte ich Ihnen aus der Warte der Alleinerziehenden ein paar persönliche Erfahrungen und Gedanken dazu mit auf den Weg geben. Natürlich wünschen sich jede Mutter und jeder Vater, dass die eigenen Kinder gut in der Schule zurechtkommen, nette Kameraden finden, gute Lehrer haben, die den Kindern Freude am Unterrichtsstoff vermitteln und ihnen beibringen, wie man lernt. So weit die Theorie. Die Praxis sieht leider eher so aus, dass normale, öffentliche Schulen vielfach sehr volle Klassen und Lehrermangel haben und dass auch die Lehrer aus dem Gezerre zwischen Zeitnot, Bildungsreform und neuartigen Schüler-Eltern-Generationen teilweise hoffnungslos überlastet sind. Da werden dann zum Beispiel Lehrer für Klassen eingesetzt, für die sie laut Ausbildung gar nicht qualifiziert sind, ganz nach dem Motto: »Was nicht ist, kann ja noch werden!« Die Kinder in diesen Klassen müssen sich also vermutlich etwa so fühlen, als würden sie in ihrem liebsten Fast-Food-Restaurant an der »Ausbildungskasse« stehen. Und Sie wissen, wie schlimm es ist, mit hungrigem Magen zusehen zu müssen, wie Praktikanten sich darin üben, auf schnellstem Weg leckere Menüs zusammenzustellen. Doch vom Magenknurren zurück zum Bildungshunger: Lisa beispielsweise wurde in der vierten Grundschulklasse von einer Lehrerin unterrichtet, die eine Seele von Mensch war und die Kinder mit lieben Abziehbildchen überhäufte.

Ihr Unterrichtsstil war perfekt zugeschnitten auf Erst- und Zweit-klässler. Und wie sich später herausstellte, war sie auch genau für diese Klassen qualifiziert. Doch die vierte Klasse bekam sie leider einfach nicht in den Griff. Bei anderen Lehrern ist es teilweise bis zur Schulleitung hin bekannt, dass sie aufgrund ihrer Persönlich-keit keine Idealbesetzung für den Unterricht sind. Steffano sprach daraufhin einmal mit dem Direktor von Lisas Schule und war da-nach doch etwas, sagen wir, verwundert. Denn wie sagte dieser Schulleiter so passend: »Wir können leider nicht alle gleichzeitig ersetzen.« Da kann man als Mutter oder Vater schon mal ins Grü-beln geraten.

In Einzelgesprächen mit den Lehrern habe ich die Erfahrung gemacht, dass die Lehrer gerne im persönlichen Umfeld der Schü-ler nach Gründen suchen, wenn es einmal nicht so rundläuft. Je nachdem, wie die Sympathie auf beiden Seiten ist, kann man hier ruhig auch einmal Vertrauen schenken, sollte es aber grundsätzlich nicht übertreiben. Geht es einen Lehrer etwas an, ob Sie in einer (neuen) Partnerschaft leben und wie das Verhältnis zu den Groß-eltern ist? Wohl eher nicht. Trotzdem gibt es den einen oder ande-ren lebenserfahrenen und verständnisvollen Lehrer, der (oder die) tatsächlich ein konstruktiver Gesprächspartner ist und unter Um-ständen sogar ein paar gute Ideen für Ihr Kind hat, damit es sich in der Schule oder mit dem Lernstoff besser zurechtfindet. Hier lohnt es sich mitunter, den Gesprächspartner mit gezielten Fragen um Rat zu bitten. Zum Beispiel: Welche Arbeiten stehen denn in die-sem Schuljahr noch an, wie kann mein Kind sich darauf am besten vorbereiten? Wirklich ambitionierte Lehrer (ja, die gibt es!) freuen sich über solche Fragen.

→ Praxistipp: Lehrern aufgeschlossen begegnen!

Halten Sie sich im Gespräch mit den Lehrerinnen und Lehrern Ihrer Kinder an den höflich-diskreten Austausch, wie Sie ihn auch am Arbeitsplatz pflegen, und geben Sie nicht zu viel aus Ihrem Privatleben preis. Suchen Sie im schulischen Umfeld Ihres Kindes nach den Pädagogen, von denen Ihr Kind Gutes berichtet. Diese sind im Zweifelsfall auch gute Ansprechpartner, wenn es einmal Probleme gibt. Den oder die Klassenlehrer(in) sollten Sie natürlich immer als Erste ansprechen. In der Regel haben diese auch das umfassendste Bild von Ihrem Kind und können den Kontakt zu anderen Lehrern herstellen.

KAPITEL XI

HAUSHALT

Warum ist es so wichtig, sich vom Haushalt nicht allzu viel Lebenszeit, Kraft und Budget stehlen zu lassen? Dafür gibt es unzählige richtig gute Gründe:

Sie hassen Hausarbeit und können sich nur schwer dazu aufraffen.

Hausarbeit ist in Ihren Augen die pure Zeitverschwendung. Denn immer wenn Sie gerade ein Zimmer fertig aufgeräumt und geputzt haben, wird es ab Minute 0 sofort wieder schmutzig und unordentlich.

Sie fühlen beim Gedanken an Fensterputzen, Staubsaugen und Badputzen jedes Mal schlagartig bleierne Müdigkeit in sich aufsteigen. Diese zu bekämpfen kostet Sie so viel Kraft, dass Sie hinterher keine Energie mehr haben, um in Ihren Wänden noch für Glanz und Gloria zu sorgen.

Sie finden, dass Staubsauger, Putzmittel und Wischtücher höchst überflüssige Anschaffungen sind. Dieses Geld sollte man sinnvoll anlegen – in eine Flasche Sekt für Sie und Ihre Freunde und jede Menge Süßes für die lieben Kinder.

Sie möchten Ihre Zeit sinnvoll nutzen – etwas mit den Kindern unternehmen, sich mit Freunden und der Familie treffen, Sport treiben, entspannen … wen stören denn da schon ein paar Staubflocken in der Ecke?

77

WIE TANTE UTES TIPPS DOCH FÜR ETWAS GUT SIND

Ich weiß, das, was jetzt kommt, werden Sie gar nicht gerne hören. Aber leider ist ein Körnchen Wahrheit dran: Manchmal sind unter den unzähligen ungefragten Tipps von Tante Ute, Tante Mary und Onkel Bernhard wahre Fundstücke, die man gerade als Alleinerziehende ausnahmsweise NICHT ignorieren sollte. Es ist sicherlich eine Kunst, diese durch den undurchdringlichen Hör- und Gedankenfilter, den wir im Lauf der Jahre gegen diese Spezies unserer Verwandtschaft aufbauen, trotzdem zu erkennen und näher zu beäugen. Für mich ist der ultimative Tipp von Tante Ute: »Nie ein Gang mit leeren Händen«. Als ich den Spruch zum ersten Mal hörte, gähnte ich gelangweilt. Schlimmer noch, ich stellte mir vor, wie Tante Ute als Leiterin der Hauswirtschaftsschule streng auf eine arme verschüchterte Schülerin herunterblickte, während sie diesen Merksatz mit majestätischer Grandezza aussprach. Einfach schrecklich, dachte ich noch bei mir, wie kann man eine so einfache Wahrheit sogar als Lerninhalt verkaufen! Trotz allem blieb dieser Satz mir in Erinnerung, und Sie werden es nicht glauben, ein paar Tage später probierte ich es nachmittags in meinem eigenen Haushalt tatsächlich aus und fand sofort Gefallen daran. Mehrere Dinge gleichzeitig zu erledigen, das ist ja in der Lebenslage als Alleinerziehende sowieso ein Muss. Warum dann nicht jeden Weg, den man zurücklegt, gleich doppelt und dreifach nutzen? Über die Jahre ist mir diese Gewohnheit so in Fleisch und Blut übergegangen, dass ich es inzwischen ganz automatisch mache. Auf dem Weg in die Küche sammle ich ganz nebenbei alles ein, was dort hingehört, vom leer getrunkenen Kaffeebecher bis zur schwarzen Socke, die noch eben mit in die Waschmaschine passt. Gehe ich aus der Küche wieder zurück, können Sachen mit, die ins Kinderzimmer, Bad, Schlaf- oder Wohnzimmer gehören. Ich komme ja überall vorbei! Die Gefahr besteht lediglich darin, dass man sich verzettelt, vor allem an Tagen, die etwas unkonzentriert ablaufen. Da findet man sich nach dem Ablegen der neuen Zahnpasta im Bad plötzlich vor dem Spiegel wieder und denkt sich: Eigentlich wären mal wieder ein Peeling, eine Haarkur und die Maniküre fällig! – so läuft der Haushalt natürlich (leider) nicht.

Wie gesagt, versuchen Sie, aus der (wenn auch sehr unhöflichen) Kritik von Menschen wie Tante Ute immer nur den wahren, gut gemeinten Teil aufzunehmen. Wenn Ihnen also jemand beim Kochen sagt: »Sag mal, hast du noch nie Zwiebeln geschnitten? Die schneidet man für dieses Gericht in Ringe, nicht in Würfel« oder so was. Dann lenken Sie Ihren Fokus nicht auf den unfreundlichen Angriff, sondern denken Sie zum Beispiel: Ich könnte die Zwiebeln ja tatsächlich mal in Ringe schneiden! Das bedeutet selbstverständlich nicht, dass jeder so mit Ihnen reden kann, wie er will.

78

WIE SIE ABWASCH UND BÜGELN LEBEND ÜBERSTEHEN

Viele Alleinerziehende denken, sie müssen den gesamten Haushalt alleine schmeißen. Außerdem neigen einige Eltern dazu, ihre lieben Kleinen in Watte zu packen, da sie ja »sowieso schon mit einer schwierigen Familiensituation« aufwachsen. Leider übertreiben es Mütter und Väter mit dieser lieb gemeinten Schutzmaßnahme aber gewaltig. Jetzt denken Sie vielleicht: Warum das denn, man kann seine Kinder doch nie genug in Schutz nehmen Na ja, also damit haben Sie an sich ja schon recht, aber hier Problem 1: Wenn Sie mit dem Haushalt chronisch überlastet sind, weil Sie gleichzeitig immer noch zehn andere Baustellen beackern müssen, spüren das auch Ihre Kinder. Dabei wäre es gerade für Ihren Nachwuchs wichtig, dass Sie in sich ruhen und die meiste Zeit über ausstrahlen: »Ich habe die Lage im Griff!« Wenn Sie denken, dass es sich damit getan hat, muss ich Sie nun mit Problem 2 enttäuschen: Um sich im Alltag zurechtzufinden, müssen Kinder lernen, ihren Teil zu einer Gemeinschaft beizutragen und den Aufwand gewisser Tätigkeiten einzuschätzen. Obwohl ihr Sohn erst vier Jahre alt ist, hat Mia dafür die ultimative Begründung parat: »Unsere Kinder sind die Erwachsenen von morgen! Wenn wir ihnen jetzt nichts beibringen, wird später die Gesellschaft die Nachteile daraus ernten«, ist ihre Überzeugung. Sie tun also nicht nur Ihren Kindern und sich selbst einen Gefallen, wenn Sie ihnen erlauben, eine eigene Pflicht im Haushalt zu übernehmen. Nein, sie gestalten auch gleich noch die Gesellschaft der Zukunft! Wenn das mal keine Motivationshilfe ist …! Die Art und Weise können Sie natürlich ganz nach Alter und Persönlichkeit jedes Kindes individuell gestalten. Vielen Kindern machen ihre Aufgaben sogar richtig Spaß. Steffanos Tochter fand es als kleines Mädchen total klasse, die Spülmaschine auszuräumen. Natürlich kam sie noch nicht ohne Hilfe an alle Küchenschränke heran. Aber sie stapelte alles fein säuberlich auf dem Küchentisch, und von dort aus verstaute Steffano Töpfe, Teller, Becher und Gläser am richtigen Platz. Einräumen wollte sie die Maschine aber nicht, denn sie ekelte sich davor, das dreckige Geschirr anzufassen. Diesen ausgeprägten Sauberkeitsfimmel hat Lisa übrigens heute noch. Luzie hat sogar schon einmal angeboten, die tiefenpsychologischen Gründe dafür zu analysieren, aber Steffano und sein väterlicher Stolz lehnten dankend ab. Natürlich können Sie Ihre Kinder nicht von Anfang an in alles einbeziehen. Der dreijährige Emil wird Ihnen beim Bügeln leider keine große Hilfe sein, und die fünfjährige Cara können Sie unmöglich die Fenster in der fünften Etage Ihres Wohnhauses putzen lassen. Für alles, was Sie alleine bewältigen müssen, hilft ein grober Zeitplan, zum Beispiel jeden Tag einmal das Bad frisch machen, jeden zweiten Tag einmal durchsaugen, einmal pro Woche alle Böden wischen. Der Aufwand in der Küche hängt selbstverständlich von der Größe Ihrer Einelternfamilie ab und zu welchen Zeiten Sie alle zu Hause sind. Essen Sie und die Kinder an Wochentagen mittags auswärts, wird es etwas leichter. Ansonsten kommt mit allen drei Mahlzeiten plus Baby- oder Kleinkindnahrung schon einiges an Aufwand zusammen, den Sie einmal gründlich überdenken sollten, damit er nicht zu viel Zeit kostet. Versuchen Sie Arbeitsgänge zu bündeln und in den Zwischenzeiten die Küche sich selbst zu überlassen – auch wenn es manchmal schwerfällt.

79

WIE SIE IHRER SPÜLMASCHINE DAS LEBEN RETTEN

Jeder kennt es, der Staubsauger geht nicht mehr, die Kaffeemaschine ist im Eimer, oder der Kühlschrank haucht gerade sein Leben aus. Hier ist entweder handwerkliches Geschick oder ein dickes Portemonnaie gefragt, denn Handwerker und Neugeräte sind teuer. Leisten sie also Erste Hilfe, um dem Haushaltsgerät den Elektronikfriedhof noch einige Jahre lang zu ersparen. Wenn Sie sich rein zufällig nicht dazu berufen fühlen, an einem schönen Sonntagnachmittag die Waschmaschine in Einzelteile zu zerlegen, um sie anschließend direkt beim ersten Versuch problemlos wieder zu neuem Leben zu erwecken, kann Ihnen ja vielleicht jemand aus Ihrem Bekanntenkreis zur Seite stehen. Erstens pflegen Sie so Ihre Kontakte, und zweitens verlangt ein guter Bekannter in der Regel keine 160 Euro Reparaturgebühr zuzüglich Anfahrtskosten. Wenn doch, sollten Sie sich vermutlich einen neuen Freundeskreis suchen. Passen Sie aber auf, dass Sie an niemanden wie Tante Utes geliebten Onkel Rudi gelangen. Bei ihm ist es nämlich gerne der Fall, dass er auf Ihre Anfrage zunächst antwortet: »Ja natürlich, gar kein Problem, meine Liebe, was glaubst du wohl, wie viele Waschmaschinen mir schon ihre Wiederbelebung verdanken!«, um dann hinterher ahnungslos in Ihrer Wohnung zu stehen und erst mal nach einer Tasse Kaffee und einem Gläschen Grappa zu verlangen. Gerade bei komplexeren Geräten macht es sowieso mehr Sinn, einen Fachmann aufzusuchen oder sich ein neues zuzulegen. Denn was bringt es Ihnen, wenn Sie 100 Euro gespart haben, Onkel Rudi aber hinterher wegen eines Stromschlags im Krankenhaus liegt (gar nicht auszudenken, was Sie sich noch dazu von Tante Ute anhören müssten!).

Ein guter Bekannter von mir hilft mir aber zum Beispiel regelmäßig, wenn ich Probleme mit meinem Computer habe. Und dann gibt es in manchen Orten auch noch die Nachbarschaftshilfe. Inwieweit Sie allerdings hier an wirklich hilfreiche Zeitgenossen geraten, weiß ich leider nicht. Am besten hilft da sicher die eigene Lebenserfahrung bei der Einschätzung, ob Sie den sympathischen Fred von gegenüber an Ihren Toaster lassen sollten – oder doch lieber nicht. Ich helfe auch anderen gerne, wenn ich kann. Nur wenn mich Tante Ute anruft, kann es sein, dass ich gerade leider wirklich überhaupt keine Zeit habe! Spaß beiseite, ich würde natürlich gar nicht erst abheben.

80

WIE LIFEHACKS SIE IM HAUSHALT ZUM LACHEN BRINGEN

Wir alle sind uns wohl einig, dass Alleinerziehende zur Fraktion derer gehören, die wenig Zeit für den Haushalt haben – und außerdem bei den täglichen Pflichten eine gute Portion Humor gebrauchen können. Als ich das Thema vor Kurzem im Gespräch mit meinem Sohn aufgegriffen habe, fragte er mich verdutzt, ob ich nicht wüsste, dass heutzutage viele Menschen nützliche Tipps in so genannten »Lifehacks« finden. Nein, offen gestanden hörte ich diesen Begriff zum ersten Mal; ich fragte ihn, was ich denn diesmal wieder an bahnbrechenden Entwicklungen verpasst habe. »Das sind alle möglichen Tipps und Tricks, Mama, da sind auch Sachen für den Haushalt dabei!«, erfuhr ich. Dann zeigte er mir im Internet Videos von Leuten, die ihr Essen in Alufolie einwickeln und es in der Spülmaschine kochen. Ein anderer Trick aus dieser Abteilung: Kekse, die beim Backen auf einer Seite zu dunkel geraten sind, einfach an einer Küchenreibe abschaben, bis die dunkle Seite wieder appetitlich hell aussieht. Besonders nützlich fand ich diesen Tipp:

Legen Sie einen Marshmallow möglichst mittig auf einen Teller, stellen Sie diesen für einige Sekunden in die Mikrowelle – und schon haben sie einen zuckerwatteartigen Riesen-Marshmallow! Ganz ehrlich: Wenn ich eine Mikrowelle hätte, ich würde es ausprobieren. Zeitnot hin oder her!

81

WIE GUTE VORRATSHALTUNG JEDE MENGE ZEIT SPART

Steffano ist bei der Haushaltsführung für uns alle immer wieder ein Vorbild. Denn anders als wir Frauen ist er noch nie davon ausgegangen, dass bestimmte Dinge, wie womöglich jeden Tag einkaufen, »nun eben einfach mal nötig sind«. Bei ihm sind sie es definitiv nicht. Selbst wenn er Zeit dafür hätte, würde er sie ganz sicher nicht leichtfertig im Supermarkt oder auf dem Marktplatz verplempern. Er hat sich schon vor Jahren einen genauen Plan zurechtgelegt, wie er seine Vorräte zu Hause besorgt und die Bestände auf Vordermann hält. »Zweimal in der Woche frische Zutaten einzukaufen oder Vorräte aufzustocken reicht doch für einen Haushalt von zwei bis vier Personen dicke aus. Manche kommen sogar mit einem einmaligen Einkauf pro Woche aus!«, ist er überzeugt. Als Faustregel für den Lebensmitteleinkauf hat er mir mal das hier mit auf den Weg gegeben: Was schnell verderblich ist wie Fleisch, Fisch, Geflügel, Kräuter, Salat, Obst, Gemüse, frische Milchprodukte und Eier besorgt der kluge Hausmann (oder die kluge Hausfrau) ein bis zweimal pro Woche. Alle Produkte mit längerer Haltbarkeit wie Trockenwaren, Konserven und Getränke werden einmal pro Monat besorgt. »Das spart übrigens nicht nur Zeit und Geld, meine Liebe, du hast auch einen viel besseren Überblick über deine Ausgaben, als wenn du permanent so kleine Pöstchen kaufst. Da kommt ja mit dem Nachrechnen keiner mehr hinterher!« Ich würde sagen: Wo er recht hat, hat er recht …

82
WIE STEFFANO EINKAUFEN GEHT

So gerne Steffano auch mal den lässigen Typen gibt, im Grunde genommen ist er ein total bodenständiger Kerl. Er legt sogar Wert darauf, Waren aus der Region zu bevorzugen und gesundheitsbewusst zu essen. Deshalb achtet er – wann immer es sein Dasein als alleinerziehender Vater erlaubt – darauf, welche Gemüse- und Obstsorten gerade Saison haben und was in seiner Region angebaut wurde. »Mit klug angelegten Vorräten, einer gut ausgestatteten Küche und dem richtigen Know-how beim Kochen kannst du auch als Alleinerziehender gesund kochen und essen. Was meinst du wohl, warum Lisa so gesund und so hübsch ist?«, zwinkerte er mir mal zu. Am liebsten kauft er Obst und Gemüse auf dem Markt ein, da hat er ganz frische Ware und kann auch gleich noch einen Plausch mit den Marktfrauen über die beste Zubereitung der Grünen Soße halten. Auch Fisch, Fleisch und Geflügel kauft er gerne auf dem Markt und fragt die Händler dabei gleich mal, woher sie ihre Ware beziehen, was gerade im Angebot ist und was sie in der aktuellen Woche besonders empfehlen können. Gibt es ein verlockendes Angebot, stellt er dann sogar mal spontan seinen regelmäßig angefertigten Wochenplan für die Mahlzeiten auf den Kopf. Das passiert allerdings nicht allzu oft, denn die Mühe, die er sich einmal gemacht hat, soll sich ja schließlich auch gelohnt haben …

Wer Obst und Gemüse kauft, wenn sie gerade Saison haben, erreicht in seiner Ernährung die größtmögliche Frische – und damit garantiert ein Plus an Vitalität und Schwung. Je größer Ihre Kinder werden, desto einfacher können Sie sie auch einmal alleine auf den Markt schicken, um Frisches zu kaufen. Dann bekommen sie gleich mal ein Gespür für frische, natürliche Ernährung und werden später nicht zu reinen Supermarktkäufern. Natürlich gibt es auch bei Steffano mal Zeiten, in denen er Terminaufträge bearbeiten muss und sich nicht großartig um den Haushalt kümmern kann. Charmant, wie er ist, hat er dazu einmal in seinem Lieblingsrestaurant um die Ecke gefragt, ob die dortige Köchin ihm ab und an für ein paar Stunden im Haushalt helfen könnte. Gesagt, getan, wenn sie es zeitlich einrichten kann, kocht sie für Steffano und Lisa aus frischen Zutaten ein paar Gerichte für die nächsten Tage vor, die diese nur noch einfrieren und pünktlich wieder aufwärmen müssen. Und ein guter Freund dieser Köchin brachte zu einem fairen Stundensatz auch gleich noch seine Wohnung und die Wäsche auf Vordermann. Ich gebe es zu, da waren Mia und ich dann schon mal ganz kurz ein bisschen neidisch. Luzie hatte dazu keinen Grund, denn da sie ganztags arbeitet und die Kinder nach der Schule in den Hort gehen, beschäftigt sie zweimal in der Woche eine Zugehfrau, die sich um die Wohnung und um die Wäsche kümmert. An ihren

Speiseplan würde Luzie sie allerdings nicht heranlassen, denn vegan und gleichzeitig lecker zu kochen ist eine Kunst, die sie nicht jedermann zutraut.

83

WIE SIE IN DER KÜCHE ZEIT UND GELD SPAREN

Wer mit seinen Kindern vollwertig kochen und essen möchte, sollte sich organisieren. Denn sonst könnte es sein, dass letztlich doch Silvie recht behält, wenn Sie behauptet, der Dosenfraß spare nun mal fast 90 Prozent der Zeit ein, die sie ansonsten mit Kochen und Küche aufräumen verliert. Darüber kann Mia allerdings nur ungläubig den Kopf schütteln. »Nichts gegen Silvie, aber das glaube ich nicht! Es gibt doch so viele Möglichkeiten, selbst zu kochen und trotzdem im Zeitfenster zu bleiben«, lautet ihr Kommentar. Hier habe ich Ihnen mal ein paar Mia-Tipps zusammengetragen, die auch mir immer wieder weiterhelfen:

Einmal kochen – zweimal essen: Aus vielen Grundnahrungsmitteln wie Kartoffeln oder Reis lassen sich mehrere Mahlzeiten zubereiten. So werden aus übrigen Pellkartoffeln zum Beispiel Reibekuchen oder Bratkartoffeln. Aus übrig gebliebenem Reis wird eine sättigende Einlage für Salate und Suppen. Und Reste von Braten oder Geflügel schmecken in mundgerechte Häppchen geschnitten lecker im Salat oder lassen sich zu Ragout fin verarbeiten.

Auf Vorrat kochen: Manche Gerichte lassen sich prima in großen Mengen kochen, sodass man einen Teil frisch serviert und den Rest portionsweise einfrieren kann. So hat man auch in einer Woche voller Termine leckere »Fertiggerichte« parat, die wirklich schmecken und Kraft geben. Ich favorisiere für solche Zwecke zum Beispiel

Eintöpfe wie den »Pichelsteiner Topf«, in die jede Menge gesunde Gemüse und ein bisschen Fleisch kommt. Soll es den Kindern schmecken, koche ich frisch dazu noch ein paar kleine Hörnchennudeln und mische sie beim Servieren auf den Kindertellern unter.

Gepflegte Vorräte: Je frischer und sauberer der Vorratsschrank und der Kühlschrank, desto länger sind die Lebensmittel haltbar.

**Auch zum Energiesparen hat Mia
ein paar richtig gute Tipps parat:**

Für jeden Topf einen Deckel: Schon gewusst? Ohne Deckel zu kochen braucht angeblich doppelt so viel Energie wie mit.

Herd oder Ofen? Bis zu 1 kg schwere Fleischstücke lassen sich auf dem Herd sparsamer zubereiten als im Ofen. Ich denke da gerade an meinen geliebten Tafelspitz, dessen Reste sich übrigens super in einer Gemüsesuppe unterbringen lassen.

Hitze reduzieren: Schalten Sie die Hitze herunter, wenn es im Topf kocht. Und schalten Sie die Platten einige Minuten vor Ende der Garzeit ganz aus.

Regelmäßig abtauen: Wer es schafft und daran denkt, kann Eisfach und Gefriergerät regelmäßig abtauen. Dann arbeiten sie sparsamer.

Und wenn tatsächlich mal ein teures Küchengerät kaputtgeht, nutzen Sie am besten Sonderangebote: Haushaltswaren sind besonders günstig im Januar und nach Pfingsten, Haushaltsgeräte im Januar.

→ Praxistipp: Ein bisschen planen und Kindern Verantwortung übertragen

Beziehen Sie Ihre Kinder frühzeitig in kleine Erledigungen im Haushalt mit ein. Schicken Sie die Größeren ruhig einmal alleine zum Einkaufen, wenn auf die Schnelle etwas fehlt. Sie müssen ja nicht gleich den ganzen Wocheneinkauf stemmen, sondern nur die gerade fehlende Butter oder Zitrone. Auch kleine Gerichte wie ein Spiegelei, einen eigenen Pfannkuchen oder einen Teller Spaghetti zu kochen ist für die Größeren kein Problem. Zusätzlich sind Sie dadurch entlastet, wenn Sie einmal aufgehalten werden und die Kinder sich zu Hause alleine versorgen müssen. Mit regelmäßigen kleinen Pflichten im Haushalt lernen Ihre Sprösslinge in kleinem Rahmen, Verantwortung zu übernehmen. Marie sorgt für Ordnung im Flur, Robin bringt einmal pro Woche das Altpapier zum Container, und Paulchen hilft Mama, nach dem Essen die Krümel auf dem Esstisch zusammenzufegen (was für so einen Kerl schon eine große Verantwortung sein kann. Schließlich müsste Mia, falls die Krümel alle auf den Boden fallen, auch noch den Staubsauger aus dem Schrank holen). Was die Kinder noch im Haushalt übernehmen können, probieren Sie am besten einfach aus. So hat Aaron beispielsweise im Alter von sechs Jahren schon prima die Wäsche aufgehängt oder Töpfe und Pfannen von Hand gespült. Seine Freundin Mara übernahm zu dieser Zeit schon regelmäßig das Blumengießen und half ihrer Mutter dabei, einfache Wäschestücke wie Handtücher und Strümpfe zusammenzulegen. Auch den Boden zu fegen gelingt selbst jüngeren Kindern schon ganz gut. Und das eigene Bett zu machen können Sie bei Kindern im Grundschulalter schon in die Morgenroutine einbauen.

KAPITEL XII

ORGANISATION

Hier ein kleines Rätsel für Sie: Niemand hat genug davon, jeder freut sich, wenn sie frei ist, und man kann sie nicht kaufen. Okay, zugegeben, das war wohl kein literarisches Meisterwerk. Trotzdem haben Sie vielleicht schon herausgefunden, um was es in diesem Kapitel geht. Richtig, es geht um die Zeit! Kinder wecken, Pausenbrote streichen, zur Arbeit fahren, einkaufen, Essen kochen, Vokabeln abhören, Badezimmer putzen, Wäsche machen, Haustier füttern, die Steuererklärung beginnen, Vater zum Geburtstag gratulieren, mit dem Jüngsten zum Arzt: An manchen Tagen ist das Pensum von Alleinerziehenden kaum zu bewältigen. Wenn Sie das alles dann noch permanent unter Zeitdruck meistern müssen, liegen Ihre Nerven vermutlich blank. Doch keine Angst, Sie sind zwar alleinerziehend, aber mit diesem Problem nicht alleine. Jeden Tag stehen Millionen von Leuten auf und starten mit der Gewissheit in den Tag, dass ihr Pensum unmöglich zu schaffen ist. Auch an dieser Stelle möchte ich Sie zunächst beruhigen: Das ist kein Problem, das nur Alleinerziehende haben, sondern viele andere Menschen auch. Schritt 1, wenn Sie permanent viel zu tun und nur wenig Zeit haben: Organisation! Versuchen Sie, einen festen Tagesablauf für sich und Ihre Kinder einzuführen. Denn wenn Sie nicht mehr nachdenken müssen, wann Sie was erledigen, haben Sie schon eine Sache weniger auf der To-do-Liste. Außerdem können Sie dann im Voraus schätzen, welche Aufgaben in einem bestimmten Zeitfenster zu bewältigen sind, und welche eher nicht. Und denken Sie bitte unbedingt daran, Pausen einzuplanen, denn Sie sind Mutter oder Vater und keine Maschine. Mit Pausen meine ich natürlich sinnvolle kleine Zeitinseln, die Sie zur Regeneration nutzen, keine zweistündige Popcorn-Party vor Ihrem neuen 3-D-Fernseher.

WIE SIE ENERGIERÄUBER ENTLARVEN UND UNSCHÄDLICH MACHEN

Zeitnot ist ein höchst unangenehmes Übel, das nicht nur im Leben der Alleinerziehenden immer wieder negativen Stress erzeugt. Und der wirkt sich leider nicht selten auch auf den Umgang mit den Kindern aus. Geht es irgendwann nur noch darum, Dinge »zu schaffen«, Termine einzuhalten, genug zu arbeiten und auch wirklich alle Schulaufgaben erledigt zu haben, sollten Sie anfangen, sich Gedanken zu machen. Ich war nach einer solchen Marathonstrecke schließlich irgendwann so durch den Wind, dass ich versuchte, meine Wohnungstür mit der Fernbedienung meines Autoschlüssels zu öffnen. »Ähm, Mama, alles in Ordnung?«, erkundigte sich leicht belustigt mein Sohn. Na ja, so ganz wohl nicht. An diesem Abend fiel mir zum ersten Mal auf, dass auf der Küchenfensterbank ein Folder lag, dessen Aufschrift »Stressbewältigung durch Achtsamkeit« so gerade noch durch eine mittlerweile stattlich angewachsene Staubschicht zu lesen war. Trotzdem konnte ich darüber lachen. In Luzies Postkartensammlung an den Wänden ihres Wohnungsflurs findet sich übrigens unter anderem eine Karte mit dem Ausspruch: »Wer jammert, hat noch Reserven« – ich überlege schon seit Jahren, wo diese geheimnisvollen Reserven sein sollen. Luzie konnte mir diese Frage bislang leider auch nicht beantworten. Doch wie schafft man es, sich die Zeit zur Freundin zu machen und besser mit ihr auszukommen? Zunächst mal tut man am besten das, was man mit einer guten Freundin auch macht: Man sieht sie an, wenn sie gerade da ist. Denn dann lassen sich am leichtesten Fragen klären wie: Wie viel Zeit steht tatsächlich zur Verfügung? Wie viel Zeit benötige ich für jede Alltagsaufgabe? Daraus können Sie übrigens prima ein Spiel zusammen mit den Kindern machen. Lassen Sie Ihre Sprösslinge zum Beispiel raten, wie lange es wohl dauert, bis Sie die Spülmaschine ausgeräumt haben. Oder die Wäsche aufgehängt. Dann kommt die Probe aufs Exempel – mit der Stoppuhr im Handy oder einer ganz gewöhnlichen Eieruhr aus der Küche. Notieren Sie gemeinsam die Zeiten. Wie lange dauert es, bis das Kinderzimmer aufgeräumt ist? Wie lange, bis der Schulranzen gepackt ist (das bitte einmal mit und einmal ohne kindliches Jammern stoppen …). Allein schon das führt dazu, dass Sie sich Gedanken darüber machen, wie Sie wohl etwas vom kostbaren Gut Zeit einsparen könnten. Ob bestimmte Aufgaben tatsächlich alle an diesem einen Tag ihres Lebens erledigt werden müssen und wenn, wie das gelingen kann. Es hilft nichts, einfach loszustolpern in der Hoffnung, es möge schon irgendwie klappen. Erst eine grobe Planung in Gedanken oder noch besser mit Stichpunkten auf dem Papier bringt wirklich Erleichterung. Als netten Zusatzeffekt picken Sie sich dann auch gleich noch eine Aufgabe von Ihrer To-do-Liste, die tatsächlich warten kann oder sogar überflüssig ist, und streichen diese mit großzügiger Geste einfach durch. Erledigt! Energieräuber, das können übrigens auch Zeitgenossen aus allen Teilen Ihres Lebens sein, die versuchen, auf Ihre Kosten besser dazustehen. Das muss nicht einmal böswillig gemeint sein, bei manchen ist es auch einfach nur Gedankenlosigkeit. Hier hilft nur eines. Machen Sie sich damit vertraut, wie Sie als Neinsager(in) für sich selbst einstehen.

WIE SIE ALS NEINSAGER PUNKTE MACHEN

Nein zu sagen kommt für viele von uns aufgrund ihrer Erziehung in den ersten 30 Jahren des Lebens nicht oder viel zu selten infrage. Dabei gibt es so viele schöne Möglichkeiten, Menschen und Aufgaben mit einem entschiedenen »Nein« zu bedenken. Lassen Sie sich diese Chance nicht entgehen. Sie bringt Ihnen viele Ressourcen zurück, die Sie womöglich für immer verloren glaubten.

Wenn es zum Beispiel um ein weniger schönes Thema, Ihr tägliches Aufgabenpensum, geht, gibt es viel mehr Möglichkeiten, Nein zu sagen, als es oft zunächst den Anschein hat. Verabschieden Sie sich von Ihren inneren Zwängen, dass Dinge getan werden müssen. Entlarven Sie überflüssige Regeln. Muss man wirklich am Morgen, bevor alle die Wohnung verlassen, das Bad auf Hochglanz bringen und alle Betten machen? Natürlich wäre das schöner, aber MUSS es sein? Ist es denn wirklich unumgänglich, den Kindern jeden Morgen ein frisches Schulbrot zu streichen? Silvie hat sich in diesem Punkt wirklich einmal selbst übertroffen und mich damit nachhaltig beeindruckt. Sie strich einfach die Schulbrote für eine ganze Woche vor und legte sie fein säuberlich in eine Box sortiert in das Tiefkühlfach. Am Abend holt sie jeweils für jeden eine Portion heraus und lässt sie über Nacht auftauen. Fertig! Nur einmal einen Teller und ein Messer für den Abwasch, nur einmal alle Zutaten zusammengetragen – und dafür trotzdem jeden Morgen eine ganze Viertelstunde mehr Zeit. Auch die Möhren- und Paprikasticks für die Pausenbrotdosen lassen sich zwei bis drei Tage im Voraus schneiden und in einer gut verschlossenen Box im Gemüsefach des Kühlschranks aufbewahren. Oder Sie geben Ihren Kindern einfach einen ganzen Apfel, eine ganze Banane oder andere Obststücke mit, die diese auch ungeschnitten prima essen können. Die dekadente Variante der vorbereiteten Pausenbrote entdeckte eines Tages Steffano, als er den Katalog seines Tiefkühllieferanten durchsah. Da gab es sogar fertig mit Butter bestrichene und einzeln verpackte Brötchen – natürlich etwas teurer als die hausgemachte Ladung, dafür aber auch in der total bequemen Ausführung. »Da kommt selbst der Zwischenstopp beim Bäcker nicht ran«, kommentierte er, als er uns eines Tages stolz von seiner Entdeckung erzählte.

Ein weiterer Zeit- und Energieräuber ist, das werden Sie jetzt sicher nicht gerne lesen, Unordnung. Jede Minute, die Sie mit dem Suchen des Fahrrad- oder Autoschlüssels verschwenden, ist verlorene Zeit. Also lieber einmal ein paar Minuten extra investieren und genau überlegen, welche Dinge Sie wann unbedingt zuverlässig am Start brauchen. Und dafür gibt es dann feste Ablageorte und Regeln, die Ihnen und Ihren Kindern täglich Zeit und Nerven sparen. Dieses Regelwerk lässt sich auch auf den Hotspot der Unordnung ausweiten, der sich meist »Kinderzimmer« nennt. Bringen Sie Ihren Kindern schon frühzeitig bei, sich abends die Kleidung für den nächsten Tag bereitzulegen. Mein Sohn war vor Stolz kaum zu bremsen, als er das im Alter von vier Jahren zum ersten Mal alleine übernehmen durfte. Sie können es auch als Spiel aufbauen. Am ersten Tag darf Ihr Kind alleine die Socken für den nächsten Tag aussuchen. Am nächsten Tag die Socken und das T-Shirt, am dritten auch die Hose oder den Rock ... und so weiter. Erzählen Sie Besuchern hörbar für Ihr Kind von der tollen Leistung, das macht den Stolz noch größer. »Stell dir vor, Lena hat gestern schon gaaaanz alleine ihr Kleidchen und die Strümpfe für den nächsten Morgen hingelegt!« Wenn Ihr Gegenüber mitspielt, kann es dann ebenfalls hörbar für Lena antworten: »Meine Güte, sooo ein großes Mädchen ist Lena schon, da kannst du aber sehr stolz auf deine Tochter sein ...«

Eine weitere Sorte von Energieräuberei ist es, wenn Sie Alltagssituationen weiterlaufen lassen, von denen Sie längst wissen, dass

Sie Ihnen nur Kraft rauben, ohne etwas Gutes zu bringen. Das können kleine Gewohnheiten innerhalb der Familie sein, die dringend einmal neu sortiert werden müssten, Angelegenheiten im Job, die immer wieder auf die gleiche und für Sie nachteilige Weise ablaufen. Haben Sie den Mut, genau hinzusehen und (zunächst einmal nur für sich selbst) diese Dinge beim Namen zu nennen. Dann fällt es Ihnen leichter, auch einmal Nein zu sagen – und sich ganz konstruktiv für eine Neugestaltung dieser Dinge starkzumachen.

86

WIE SIE ÜBERFLÜSSIGE AUFGABEN VERMEIDEN: EHRENAMT? BLOSS NICHT!

Als ich in der ersten Zeit alleine mit meinem Sohn ein neues Leben aufbaute, war ich der Ansicht, an meinen persönlichen Maßstäben nicht viel ändern zu müssen. Das hieß unter anderem, dass ich mir weiterhin ein Pensum aufhalste, als hätte ich einen Partner, der das alles zusammen mit mir trägt. Werde ich schon schaffen, so schwer ist das doch bestimmt gar nicht, dachte ich bei mir. Als im Kindergarten gefragt wurde, wer sich im Elternbeirat engagieren wolle, hob ich bereitwillig die Hand. Wenn schon mein Kind dort so viele Stunden des Tages verbrachte, wollte ich wenigstens etwas dazu beitragen, sein Umfeld zu gestalten. Ganz ähnlich ging es einer befreundeten Mutter, die ihre Tochter in diesen Kindergarten brachte, ebenfalls alleinerziehend war und sich für den Elternbeirat engagierte. Doch wir beide hatten uns bei der Einschätzung der auf uns zukommenden Belastung gehörig geirrt. Im Nachhinein würde ich mir dieses rührige Ehrenamt sparen, denn zumindest in der Einrichtung, die mein Sohn besuchte, war das ein Fass ohne Boden. Natürlich zog der Kindergarten in dieser Zeit zweimal in neue Gebäude um, hatte eine zunächst untragbare Leiterin und bewahrte die Flaschen mit den Reinigungsmitteln gut erreichbar für kleine Kinderhände in der selbstverständlich nicht überwachten Kindertoilette auf. An manchen Tagen glaubte ich kaum, dass unsere Erlebnisse dort tatsächlich möglich und wahr sein konnten. In einem frisch bezogenen Gebäude hing eine Deckenplatte oberhalb der Kinderspielflächen lose vom Gebälk. Es war von unten aus betrachtet nicht auszumachen, ob sie in den nächsten fünf Sekunden oder erst in einer Stunde oder vielleicht auch nie herunterfallen würde. Aber eines war mir sofort klar: Das war definitiv nicht die Umgebung, in der ich mein Kind gerne spielen lassen wollte. Ich machte die Leiterin darauf aufmerksam, und sie antwortete fröhlich: »Ach, da ruf ich morgen mal die Handwerker an.« Die Kinder tollten unbeschwert im Raum herum, und ich starrte sie ungläubig an. »Wo ist hier die nächste Leiter?« – »Ja, das brauchen Sie doch jetzt nicht …« – Doch, ich »brauchte«, stieg auf die Leiter und holte die Platte herunter. Die Putzmittel im Bad hatte ich ja bereits mit einem von zu Hause importierten Schrankverschluss gesichert. Fast täglich sprachen mich andere Eltern vor dem Kindergarten an. Ob ich denn nicht bitte mal dafür sorgen könne, dass dieses und jenes endlich in Angriff genommen würde, und ich tat mein Bestes. Kurz und gut, von heute aus betrachtet hätte ich diese ganze Zeit lieber mit meinem Kind verbracht oder wäre, wie Mia es seit Jahr und Tag tut, ein paar Bahnen abgetaucht – ganz alleine, im stillen, friedlichen Schwimmbad …

87

WIE SIE ALTES SPIELZEUG UND ALTE KLAMOTTEN LOSWERDEN

Wenn die Jahre ins Land ziehen, häufen sich nicht nur bei den erwachsenen Zeitgenossen Berge an alten Dingen an. Anfangs denken Sie vielleicht: Ach, so viel ist es doch gar nicht, aber glauben Sie mir, das Ganze ist ein schleichender Prozess! Auch die lieben Kleinen schwimmen früher oder später in Tonnen von Spielzeug, von dem sie vielleicht nur noch ein Viertel benutzen. Und die Kleider können irgendwann auch nicht mehr an jüngere Geschwister weitervererbt werden und nehmen nur noch Platz in der Kommode weg. Dann ist natürlich die Frage, wohin damit? Einfach wegwerfen wäre erstens nicht gerade sehr ökologisch, und außerdem haben die Sachen ja auch einmal Geld gekostet. Wenn Sie oder jemand aus Ihrem Bekanntenkreis noch ein weiteres Kind hat, kann dieses von alledem ja vielleicht etwas gebrauchen. Allerdings brauchen sie sich nicht zu wundern, wenn der 16-jährige Joshua keine Lust hat, mit den alten Puppen der neunjährigen Emma zu spielen. Oder wenn die kleine Zoe sich standhaft weigert, die abgelegte »Cowboyjeans« von Justin anzuziehen. Eine andere Möglichkeit wäre es ja auch, die alten Dinge einfach zu verkaufen, die Frage ist nur wo? Im Internet gibt es diverse Seiten, auf denen jeder seine Sachen fast oder ganz ohne Kosten zu Geld machen kann. Es gibt natürlich auch die Möglichkeit, auf die klassische Methode des Flohmarkts zurückzugreifen. Allerdings sollte das Ganze sich hier auch wirklich lohnen, glauben Sie mir, ich spreche aus Erfahrung. Bei den meisten Flohmärkten, die extra für Kindersachen organisiert werden, kommen die Erlöse nicht Ihnen, sondern wohltätigen Zwecken zugute, was ja auch keine schlechte Sache ist. Nur ist wohl den meisten Allein-erziehenden in ihrer Lage nicht unbedingt nach Spenden zumute, es sei denn, es handelt sich um Spenden auf ihr eigenes Konto. Problem Nummer zwei kommt schneller, als Sie denken. Denn bei Flohmärkten für alles gibt es meist eine Platzgebühr, die auch gerne mal 30 Euro kosten kann. Mit Anfahrt und Co. können hier also auch erst mal rund 40 Euro an Kosten auf Sie zukommen, bevor Sie auch nur den kleinsten Centbetrag eingenommen haben. Das macht natürlich überhaupt keinen Sinn, wenn Sie nur Dinge im Wert von 40 Euro zu verkaufen haben, und Sie nicht einmal wis-sen, wie viel davon Ihnen tatsächlich abgenommen wird. Außer-dem sollte jeder Verkauf von Spielzeug mit Ihrem Kind abgeklärt werden. Denn der kleine Pascal wird es Ihnen niemals verzeihen, wenn Sie anstelle des roten das blaue Spielzeugauto verkaufen. Und es wird ihm egal sein, ob er noch 50 andere hat. Und selbst wenn Sie ihm hinterher das gleiche wieder kaufen, ist es vielleicht das gleiche, aber nicht dasselbe, verstehen Sie das doch bitte! Wenn Sie all diese Dinge beachten, sind Online- oder Flohmarktverkäufe aber eine gute Möglichkeit, die Wohnung zu entrümpeln und gleichzeitig mit kleinen Extraerträgen die Haushaltskasse zu füttern.

88

WIE BESCHEIDENHEIT EINE NEUE QUALITÄT INS LEBEN BRINGT

Aus Gründen der Ausgewogenheit und der Fairness möchte ich Ihnen an dieser Stelle von Frank berichten, einem alleinziehenden Vater, der mit seinem achtjährigen Sohn Tim zusammenlebt und mit den oben genannten Materialschlachten so gar nichts zu tun hat. Frank ist im Gegensatz zu Steffano weniger temperamentvoll und trägt seine Gefühlswelt fast gar nicht nach außen. Und das, obwohl er erst 34 Jahre alt ist und mitten im Leben steht. Frank hat einen einfachen Bürojob und verdient extrem wenig Geld zum Leben. Deshalb spart er, wo es nur geht, und kommt somit knapp über die Runden. Sein achtjähriger Sohn Tim hat trotz seines ruhigen Vaters ein fröhliches Gemüt und besucht die zweite Klasse einer Grundschule. Trotzdem macht sein Vater sich viele Sorgen darüber, dass er seinem Sohn womöglich keine glückliche Kindheit ermöglicht. Auch wie er eines Tages Tims Ausbildung finanzieren soll, weiß er bis heute nicht. Viele von Tims Klassenkameraden gehen jeden Tag ins Schwimmbad, jeden Monat in den Freizeitpark und jedes Jahr zweimal in die Ferien. Das alles kann Frank Tim leider nicht bieten, weshalb Tim in seiner Klasse zwar Freunde hat, mit diesen aber wenig Freizeitaktivitäten teilen kann. Dabei verbindet Vater und Sohn ein sehr trauriges Schicksal, denn Franks Frau und Tims Mutter verstarb kurz nach der Geburt ihres Sohnes.

Franks großes Hobby ist das Gärtnern. Er liebt es, verschiedene Kräuter und Blumen anzupflanzen, sie zu gießen und zu sehen, wie sie wachsen. Nun können Sie sich vermutlich schon denken, dass Frank sich keinen eigenen Garten leisten kann, um seiner Leidenschaft nachzugehen. Er hat aber für jeden Quadratmeter Garten, den er vermisst, mindestens einen Blumentopf auf seinem Balkon. Darin gedeihen Kräuter, Salat und Tulpen in allen erdenklichen Farben. Außerdem pflegt er zusammen mit Tim den Garten seines einzigen, aber langjährigen Freundes Marcel, den er schon seit Studientagen kennt. Dabei führen die beiden viele Gespräche über Gott und die Welt. Frank erzählt seinem Sohn von den Büchern, die er schon gelesen hat, von wissenschaftlichen Forschungen und seinem großen Interesse für Astronomie. Das hat Tim schon auf viele eigene Fragen und Ideen gebracht, und mittlerweile schleppt er selbst spannende Bücher, Magazine und Filme dazu aus der

Stadtbücherei an. Dort lernte er auch Luzie kennen, die ihm seither immer mal wieder Tipps geben kann, was neu im Sortiment ist und ihn interessieren könnte.

89

WIE SIE OHNE PUDERDOSE ODER PASSENDE STRÜMPFE ORDENTLICH IM BÜRO ERSCHEINEN

Kennen Sie das auch? Montagmorgen, Sie haben schon am Abend vorher die To-do-Liste für die neue Woche studiert und wachen alles andere als heiter und entspannt auf. Der Tag ist schon jetzt so vollgepackt, dass Sie ihn maximal gerade so schaffen werden. Aber jetzt gilt es erst einmal die Kinder zu wecken und gute Laune zu verbreiten, damit der Start in den Tag erfreulich wird. Keine 20 Minuten später können Sie schon absehen, dass Sie es unmöglich schaffen werden, fertig gestriegelt und gepudert fürs Büro in den Tag zu starten und gleichzeitig die Kinder pünktlich in Kindergarten und Schule abzuliefern. Und jetzt? Beim Meeting um 8:30 Uhr mit zerzausten Haaren und ohne Wimperntusche erscheinen? UNDENKBAR! Also erst mal die Kinder zur Schule. Pünktlich oder fast pünktlich – je nach Verkehrschaos – abgeliefert. Übrigens ist das Verkehrschaos am Montagmorgen das schlimmste der ganzen Woche, ist Ihnen das auch schon aufgefallen? Das lässt mich zumindest vermuten, dass es anderen Zeitgenossen auch nicht viel anders ergeht als mir. Um auch unterwegs noch das eine oder andere Feintuning betreiben zu können, gönne ich mir den Luxus einer doppelten Wimperntusche und führe in meiner Handtasche die nötigen Kleinutensilien mit, um mich notfalls auch an der roten

Ampel oder im Parkhaus noch schnell frisch zu machen. Die männlichen Leser unter Ihnen werden das größtenteils nicht brauchen. Obwohl – heutzutage weiß man ja nie, vielleicht hat der attraktive Kollege von nebenan heute auch mal sein Näschen gepudert? Nein, ich glaube nicht. Gegen zerrissene Nylonstrümpfe hilft ein Ersatzpaar im Auto oder in der hintersten Büroschublade. Bei Mia geht die Vorsorge sogar so weit, dass Sie im Garderobenschrank ihres Büros eine weiße Ersatzbluse und ein klassisches Sakko hängen hat, falls sie es einmal nur in Jeans und Sneakers pünktlich zum Meeting schafft. Steffano hat solche Probleme naturgemäß nicht, da er als Freiberufler keinen allmorgendlichen Sprint zum Arbeitsplatz zurücklegt, sondern ganz gemütlich vom Frühstückstisch an sein Zeichenbrett schlendert. Er legt vor Arbeitsbeginn höchstens mal eine Joggingrunde im Park zurück – und das selbstverständlich nicht in Anzug, Krawatte und seinen besten Anzug-Schuhen.

90

WIE SIE IHRE KINDER ZU VERBÜNDETEN IM TÄGLICHEN MARATHON MACHEN

Luzie hat es sich zur Aufgabe gemacht, ihre Kinder Marie und Robin so wenig wie möglich dem Alltagsstress auszusetzen. Die beiden besuchen eine Privatschule mit kleinen Klassen, wo sie nach dem Unterricht ein hochwertiges Mittagessen bekommen und zu festgelegten Zeiten ihre Hausaufgaben erledigen. Dennoch hat auch sie für den Fall der Fälle vorgesorgt, denn ab und zu muss sie Nachmittags- oder Abendveranstaltungen in der Stadtbibliothek organisieren. Und an diesen Tagen müssen ihre Sprösslinge nach der Schule zu Hause alleine zurechtkommen. Jeder hat einen eigenen Haus-schlüssel und ein eigenes Handy. So können die beiden sich auch nach der Schulzeit noch mit Freunden treffen und stehen nicht vor der verschlossenen Wohnungstür. An solchen Tagen ruft sie mindestens einen von beiden auf dem Handy an und erkundigt sich nach dem Stand der Dinge. Natürlich nicht alle 15 Minuten, wie man das aus manchen – maßlos übertriebenen – Filmkomödien kennt, sondern einmal alle zwei Stunden. Oder sagen wir, alle 1,5 Stunden. Na ja, einmal war es auch schon mal jede Stunde, da war Robin am Tag vorher noch krank gewesen, und sie hatte vergessen, ihm seine Vitamine am Morgen zu geben, und danach war ihr eingefallen, dass sie ja gar kein Fieber mehr bei ihm gemessen hatte und dass … Ja, das sehen Sie richtig, auch die ansonsten recht ruhige und beherrschte Luzie kann gelegentlich aus Sorge um ihre Kinder mal über das Ziel hinausschießen. Ich finde, das macht sie nur noch sympathischer!

➔ Praxistipp: Mut zur Lücke beweisen

Beweisen Sie in Ihrer Organisation Mut zur Lücke, und sagen Sie immer öfter auch mal Nein. Es ist gar nicht so schwer, wie Sie vielleicht denken. Für andere Menschen ist das nämlich oft viel selbstverständlicher, und sie wundern sich gar nicht, wenn auch Sie einmal aussprechen, was Sie wirklich denken. Und die Lücke, die womöglich durch eine unerledigte Kleinigkeit entsteht, fällt in vielen Fällen niemandem auf. Stellen Sie sich vor, wie sehr Sie sich im Inneren wünschen, auf eine Frage oder Aufforderung auch einmal mit Nein zu antworten. Vielleicht fällt Ihnen ja schon jemand aus Ihrem Umfeld ein, dem Sie dieses kleine Wörtchen schon immer mal sagen wollten, sich aber bisher immer zurückgehalten haben. Geben Sie Ihren persönlichen Werten, Menschen in Ihrem Umfeld oder festgefahrenen Situationen die Chance zur Veränderung. Keine Angst, das bringt Ihnen keine Nachteile. Handeln Sie nach der Devise »Weniger ist mehr«, und setzen Sie ganz selbstbewusst Prioritäten!

KAPITEL XIII

RESILIENZ

EINE EIGENSCHAFT MIT ECHTEM NUTZEN

Es war eine der seltenen Gelegenheiten, bei denen Silvie und Luzie in meiner Küche auf einen kleinen Mütterschwatz zusammenkamen. Eigentlich war alles harmonisch und fröhlich wie immer. Silvie war nur leider total durch den Wind, weil die familiäre Belastung bei ihr in den vergangenen Monaten über Gebühr zugenommen hatte. Ihre Mutter war sehr krank und brauchte dringend täglich Unterstützung von Silvie. Außerdem ließen sich die pubertierenden Jungs mittlerweile von ihrer Mutter kaum noch etwas sagen und drehten phasenweise komplett durch. Und dank eines leichtsinnig abgeschlossenen Autokredits war sie seit Monaten ständig am Limit mit ihrer Haushaltskasse. Als sie bei mir klingelte, saßen Luzie und ich schon eine Weile zusammen und sprachen über unsere jüngsten Alltagsentwicklungen. Es war bis dahin ein recht entspannter Nachmittag gewesen. Doch Silvie, die eigentlich nur nach einer Tüte Milch hatte fragen wollen, sah so traurig und erschöpft aus, dass ich sie spontan hereinbat.

91

WIE SIE EIN SCHWERES FREMDWORT FÜR IHRE ZWECKE ENTSCHLÜSSELN

Am Kaffeetisch schüttete sie uns erst einmal ihr Herz aus. Wie sich herausstellte, war sie schon seit einigen Monaten am Ende ihrer Kräfte und kämpfte sich jeden Tag aufs Neue irgendwie durch. Natürlich hatte sie sich vorgenommen, sich nicht unterkriegen zu lassen, aber sie fühlte sich mehr denn je als Opfer der Umstände – und hatte einfach keine Kraft mehr. »Ich fasse es nicht, mein Ex meint dazu nur, ich soll mir eben ein dickeres Fell zulegen. Der kapiert einfach gar nichts!«, jammerte sie – und wir verstanden sie. Wir beide wussten, dass Silvie sich schon seit Längerem bemühte, die Dinge etwas pragmatischer anzugehen, ihren Perfektionismus rund um Haushalt und Kinder loszulassen. Aber niemand kann eben von heute auf morgen aus seiner Haut. Man braucht auch Zeit, um sich an neue Umstände anzupassen. »Weißt du, was du brauchst? Ein richtig gutes Resilienztraining! Das würde dir helfen«, schlug unsere allseits geschätzte Chefpsychologin Luzie schließlich vor. »Resi was?«, fragte Silvie verständnislos. Und auch ich hatte den Begriff ehrlich gesagt noch nie gehört. »Meinst du vielleicht Renitenz?«, scherzte ich und versuchte mir auszumalen, wie Widerspenstigkeit und Aufsässigkeit Silvie in ihrer aktuellen Lage helfen könnten. Aber Luzie schüttelte nur den Kopf. »Nein, nein, Renitenz meine ich selbstverständlich nicht!«, protestierte sie lachend. »Gegen wen sollte sich Silvie denn auch widerspenstig geben?« – »Och, da wüsste ich aber schon so ein paar Leute …«, begann Silvie, die sich gerade ein paar Tränchen aus den Augenwinkeln tupfte. »Resilienz ist was viel Besseres«, sagte Luzie und hörte sich an wie eine Lehrerin, die versucht, ihre Schüler zu begeistern. »Das ist eine innere Stärke, so was wie das Immunsystem der Seele. Wenn ihr lernt, diese innere Kraft gezielt für euch zu nutzen, und sie trainiert, kann euch so schnell keine Lebenskrise mehr unterkriegen«, versprach sie uns selbstsicher. Wir sahen sie beide mit großen Augen an. In diesem Moment fühlte ich mich plötzlich, als hätte ich ganz unerwartet eine geheimnisvolle Wahrsagerin im Haus. »Ja, und wie soll das gehen?«, erkundigte sich Silvie nach einer kurzen Minute des Schweigens.

WIE SIE SICH AUFSTELLEN KÖNNEN, WENN SIE LANGE ALLEIN ZURECHTKOMMEN MÜSSEN

Luzie erklärte uns nun überzeugt, dass man mit dieser inneren Stärke alle möglichen schwierigen Zeiten leichter meistern könne, ob nach der Trennung von einem geliebten Partner, dem Verlust eines nahestehenden Menschen oder einer plötzlichen Kündigung der Arbeitsstelle. Ich versuchte sofort, mir vorzustellen, wie sehr mir eine solche Eigenschaft auf einigen Dauerbaustellen meines Alleinerziehenden-Daseins helfen könnte. »Natürlich fühlt man sich auch als resilienter Mensch nicht immer toll und allen Dingen haushoch überlegen, das nicht!«, ermahnte sie uns. »Aber man kommt mit dieser Kraft immer wieder auf die Füße, egal wie schwierig und anstrengend die Zeiten auch sind.« Jetzt hatte sie endgültig unsere Neugier geweckt, und wir wollten beide unbedingt mehr wissen. In weiser Voraussicht kochte ich eine große Kanne Tee und stellte einen Teller mit veganen Kokoskeksen auf den Tisch. Wer weiß, vielleicht hatte Luzie ja recht und es gab tatsächlich ein Rezept, mit den Widrigkeiten des Alltags noch besser zurechtzukommen! Als Erstes, so schärfte Luzie uns ein, müsste man seine Überzeugung zurückgewinnen, dass man sein Leben nach den eigenen Vorstellungen beeinflussen kann. Natürlich können wir nicht alle Dinge ändern, manches muss man eben einfach als unabänderlich akzeptieren, begann sie zu erklären. Aber irgendwo lässt sich immer auch durch eigene Kraft etwas bewegen – und genau diese Überzeugung braucht es, um ein resilienter Mensch zu sein. »Wer resilient ist, der ist bereit, Verantwortung für sein Leben zu übernehmen, und lässt sich nicht einfach so als Opfer der Umstände abstempeln«, versuchte Luzie uns die Sache zu verdeutlichen. »Mmh …«, murmelte Silvie und knusperte sehr nachdenklich an einem Kokosplätzchen. Das würde ihr bestimmt nicht leichtfallen, dachte ich bei mir, denn Silvie fühlte sich doch schon seit Jahr und Tag als Opfer ihrer Scheidung und allem, was danach in ihrem Leben passiert (oder auch nicht passiert …) war. Sie war plötzlich allein mit ihren zwei Jungs, musste vom ehemaligen Reihenhaus in der gehobenen Vorstadtsiedlung in eine kleine Wohnung am Stadtrand umziehen. Das Verhältnis mit dem Exmann gestaltete sich sehr schwierig, und auch das Zusammenleben mit den allmählich pubertierenden Jungen war nicht gerade einfach. Tja, und was NICHT passierte, war auch nicht besser. Es kam KEIN Prinz auf einem weißen Pferd vorbei, der sie als seine Prinzessin erkannte und sie mitsamt ihren Kindern flugs an den Königshof holte. Sie gewann auch NICHT im Lotto und konnte alle wirtschaftlichen Sorgen mit einem Schlag als erledigt betrachten. NICHT einmal eine Beförderung im Büro war drin – und das, obwohl sie sich WIRKLICH Mühe gab, allen Forderungen ihre Chefs gerecht zu werden. Und als wäre das noch nicht genug, begann seit einigen Monaten auch ihre Figur zu entgleisen. Sie legte immer weiter an Kummerspeck zu und fühlte sich nur noch unbeweglich und erschöpft. Doch zurück an unseren Teetisch. Luzie und ich kannten ja in etwa Silvies Geschichte und brauchten sie dazu jetzt gerade nicht zu befragen. Und Silvie selbst war neugierig genug geworden, um ausnahmsweise einmal nicht ihr Schicksal zu beklagen.

WIE SIE IHRE INNEREN RESERVEN STÄRKEN

»Natürlich kann ich euch jetzt hier nicht ein vollständiges Resilienz-Training anbieten«, erklärte Luzie. »Erstens bin ich keine Therapeutin – und außerdem geht so etwas nicht mal eben mit einem Fingerschnippen. Das muss man über einen längeren Zeitraum angehen und immer schön am Ball bleiben.« Tja, jetzt schien mir die Betrachtung schon realistischer. Das klang nach Aufwand und Mühe und machte wohl gerade deshalb die Sache in meinen Augen glaubwürdig. Trotzdem verriet sie uns, was dabei eine Rolle spielt. »Also zwei ganz wichtige Sachen bringt ihr schon mal mit. Ihr habt echte Freunde und pflegt eure Freundschaften. Das ist ganz wichtig, denn das gibt euch Stabilität. Außerdem habt ihr schon so manche Krise in der Vergangenheit gut gemeistert. Daran könnt ihr immer denken, wenn es mal wieder haarig wird und ihr euch Sorgen macht«, führte unsere Chefpsychologin aus und nippte an ihrer Teetasse. »Ja und dann ist es auch toll, dass ich euch um Hilfe bitten kann, wenn mal gar nichts mehr geht«, schaltete sich jetzt Silvie ein, die für ihre Verhältnisse ungewöhnlich lange nichts gesagt und sogar (was noch ungewöhnlicher ist) aufmerksam zugehört hatte. »Super, Silvie!«, lobte Luzie, »das gehört nämlich auch dazu: andere um Hilfe bitten zu können, ganz wichtig! Und das kann man natürlich nur, wenn man selbstbewusst ist – noch eine wichtige Eigenschaft, um krisenfest zu werden.« – »Jawoll«, lächelte jetzt Silvie, legte den Kopf selbstbewusst in den Nacken und strich sich mit spielerisch eingebildeter Miene über ihr goldblondes Haar. – »Na, das klappt doch schon ganz hervorragend«, grinste Luzie zurück: »Und immer schön optimistisch bleiben und die Lösung im

Blick behalten, nicht das Problem!« Ich muss sagen, dieser Nach-mittag kam nicht nur für Silvie, sondern auch für mich mit vielen wertvollen Neuigkeiten daher.

WIE EHEMALIGE PROBLEME PLÖTZLICH WINZIG KLEIN WERDEN

»Ja und wie kann ich das jetzt trainieren?«, wollte Silvie nun natür-lich sofort wissen. Auch darauf hatte Luzie die passende Antwort parat. Ich kenne mich natürlich nicht wirklich damit aus, aber ich glaube, wenn Luzie nicht so in ihrem Beruf als Bibliothekarin auf-gehen würde, wäre sie die perfekte Psychotherapeutin. Als Erstes, so teilte sie Silvie mit, sollte man seine Lage akzeptieren und aufhören, sich innerlich dagegen aufzulehnen. Denn wenn man die Dinge erst einmal angenommen hat, kann man damit beginnen, nach Ant-worten und Lösungen zu suchen. Dabei hilft einem dann natür-lich die Überzeugung, dass man Lösungen finden wird – außer-dem die Bereitschaft, auf Neues zuzugehen und das eine oder an-dere Problem loszulassen, damit die Dinge sich ändern können. Das kann zum Beispiel heißen, gegenüber manchen scheinbar so wahnsinnig wichtigen Anforderungen aus Verwandtschaft, Kita, Schule und Beruf klare Grenzen zu setzen und öfters auch einmal Nein zu sagen. Damit behält man die Zügel in der Hand und be-stimmt selbst, was im eigenen Leben wichtig ist und was nicht. Um das »neue« Verhalten zu üben hilft es, sich in neuen Situationen erst einmal Bedenkzeit zu erbitten, um nicht wieder in die Opferfalle zu laufen. Genau dazu sind Eigenschaften wie ein gutes Selbstbewusstsein oder die Fähigkeit, um Hilfe bitten zu können, wichtig. Denn damit übernimmt man die Verantwortung und eine aktive Rolle in seinem Leben. »Und was noch …?«, fragten Silvie und ich dann fast im Chor, als Luzie ihren Vortrag beendet hatte und endlich auch mal dazu kam, sich am Keksteller zu bedienen. Luzie betrachtete uns amüsiert, während sie ihren Keks knabberte, und trank genüsslich einen großen Schluck Tee hinterher. Dann sagte sie: »Das werdet ihr zwei Couch-Potatoes jetzt nicht gerne hören, aber ihr habt es ja nicht anders gewollt: Ausdauersport ist ideal für mehr Resilienz. Walken, Joggen, Fahrrad fahren, Schwimmen … sucht euch was aus!« – »Oh nein!«, rief Silvie, »womöglich specke ich dann auch noch ab, das wäre ja ein toller Doppeleffekt.« – »Das wirst du ohnehin, sobald du dich wieder als Herrin der Lage fühlst«, versprach Luzie vollmundig: »Denn dann schüttest du weniger Stresshormone aus und lagerst nicht jedes Extra-Gramm in deinen Katastrophenschutz ein …« – »Also ich werde mir so ein Training suchen, DAS schwör ich euch!«, rief Silvie begeistert. Ich bin gespannt, wie es ihr bekommen wird. Mal sehen, vielleicht hänge ich mich gleich mit dran und buche auch einen Platz.

95

WIE IHRE NEUE FESTUNG
AUCH ZUR FESTUNG IHRER KINDER WIRD

Glauben Sie jetzt bitte nicht, dass damit alles zum Thema Resilienz gesagt ist. Denn es gibt noch eine weitere gute Nachricht, die Sie unbedingt kennen sollten. Nachdem Luzie auf die Möglichkeiten des Resilienztrainings aufmerksam gemacht hatte, begann ich selbst auf die Suche zu gehen und mich näher über das Thema zu informieren. Dabei entdeckte ich, dass man auch die Kinder in diese Lebenshaltung mit einbeziehen kann und ihnen die Kraft für ein resilientes Leben mit auf den Weg geben kann. Die meisten Dinge davon tun wir alle wohl ohnehin schon. Trotzdem ist es gut zu wissen, wie wichtig sie auch in dieser Hinsicht sind. So sollten Kinder beispielsweise eine enge emotionale Bindung an mindestens eine konstante, zuverlässige Bezugsperson haben können. Das gibt ihnen die Sicherheit, dass sie jederzeit gut aufgehoben sind. Im Idealfall ist diese Person – zum Beispiel die Mutter oder der Vater – auch gleich noch ein gutes Vorbild und lebt den Kindern vor, wie man mit den typischen Alltagskonflikten oder auch besonderen Schwierigkeiten bestimmter Lebenssituationen umgehen kann. Und dann gibt es noch einen Punkt, den ich persönlich besonders wichtig finde: dass wir unseren Kindern Achtung und Akzeptanz entgegenbringen und sie nach Kräften darin unterstützen, gute Erfahrungen mit anderen Menschen zu machen und ein positives Selbstwertgefühl zu entwickeln.

→ Praxistipp: Gut zu sich selbst sein

Schwierigkeiten oder Krisen sind ein ganz normaler Bestandteil des Lebens und kein Grund, den Kopf in den Sand zu stecken oder den Glauben an die eigenen Fähigkeiten zu verlieren. Im Gegenteil: Sie geben uns die Chance, das Beste aus uns herauszuholen – für uns und für unsere Kinder. Also packen wir es an! Vergessen Sie aber bei allem Kampfgeist bitte nicht, gut zu sich selbst zu sein. Schließlich wollen Sie keine Kampfmaschine werden, sondern mit Gelassenheit und Selbstbewusstsein gut für sich und die Kinder sorgen.

KAPITEL XIV

JOB UND FINANZEN

hr Jüngstes geht endlich freudig in den Kindergarten, und es wird höchste Zeit, wieder die Haushaltskasse zu füllen. Also bewerben Sie sich auf eine passende Arbeitsstelle und werden – oh Wunder und großes Glück – sogar zu einem Gespräch eingeladen. Nun beginnen die akribischen Vorbereitungen. Mit welchen Fragen ist im Gespräch zu rechnen? Wer wird alles dabei sein? Ein Blick auf die Website des Unternehmens, falls Sie das nicht schon im Zuge der Bewerbung getan haben, zeigt Ihnen im günstigsten Fall, wie Ihr Gesprächspartner an diesem Tag aussieht. Auch daraus lässt sich oft schon in etwa das Wesen des Gesprächspartners einschätzen und das Gespräch im Inneren ein bisschen vorbereiten. Was die Garderobe betrifft, werden Sie nichts dem Zufall überlassen – vom passenden Top bis zur Farbe der Strümpfe. Als alleinerziehender Vater wählen Sie das beste Hemd und die guten Schuhe.

96

WIE SIE DIE NEUE ARBEITSSTELLE TROTZ PLATZREGEN BEKOMMEN

Doch denken Sie bitte jetzt schon daran, dass Sie am Tag des Vorstellungsgesprächs wahrscheinlich mit der einen oder anderen Panne rechnen müssen. Das ist ganz normal und gehört praktisch mit dazu. Also denken Sie voraus: Was könnte denn alles schiefgehen? Sie müssen nicht jedes Szenario annehmen, aber ein großer Zeitpuffer ist an diesem Tag bestimmt hilfreich. Der fehlte mir bei meinem letzten Vorstellungsgespräch sehr. Ich saß bereits im Auto und stand an der roten Ampel, da zog am Himmel ein dramatisches Schwarz auf, und plötzlich begann eine wahre Sintflut auf mein Autodach zu prasseln, die leider immer noch anhielt, als es hieß auszusteigen und die letzten 500 Meter zu Fuß zu gehen. Super, kein Schirm dabei! Das einzig Wasserabweisende im Auto war ein quietschgrüner Kinderregenmantel in Größe 104, tausendfach bedruckt mit Quak, dem freundlichen Frosch. Ich weiß bis heute nicht, ob dieses Outfit mit dem grünen Mäntelchen, das ich behelfsmäßig über den Kopf gezogen und dabei meine Frisur ruiniert hatte, schuld daran war. Jedenfalls habe ich den Job nicht bekommen. Vermutlich hatte mein potenzieller Chef aus dem Fenster geschaut und die grüne Regenjacke für einen Hut gehalten. Kein Wunder, so jemanden würde ich auch nicht einstellen. Aber mal ganz am Rande: Diese Werbung mit dem arroganten Frosch ist einfach so nervig! Das Schlimme ist, dass diese Firmen so genannte »Promotion-Phasen« haben, in denen sie mehrere Millionen gleichzeitig in Werbung investieren, sodass diese uns überallhin verfolgt. Sie gehen morgens zur Straßenbahn, die mit Quak dem Frosch bedruckt ist. Checken dort Ihre Mail- und Messenger-Dienste auf dem Smartphone – und werden von einer Pop-up-Werbung mit Quak dem Frosch gestört. Dann kommen Sie von der Arbeit (falls Sie jetzt endlich einen Job haben), und abends läuft im Fernsehen, na, wissen Sie, was läuft? Richtig: Werbung für Quietschie, die quietschgelbe Ente! Und somit wissen Sie schon, was Sie am nächsten Tag erwartet ...

Zurück zur Jobsuche: Beim nächsten Mal war ich besser vorbereitet und konnte noch dazu mit einer prima Gesprächsvorbereitung punkten. Denn zu möglichen Fragen rund um die Betreuung meines Sohnes hatte ich mir Antworten überlegt, die ehrlich waren (»wir haben leider nicht viel Verwandtschaft in der Nähe«), aber trotzdem zeigten, dass wir durchaus ein Backup aus Mütternetzwerk und dem Vater des Kindes haben und somit für ein regelmäßiges Erscheinen im Büro gesorgt wäre. Hier bekam ich den Zuschlag – und zwar ohne dass diese Fragen überhaupt gestellt wurden. Wie ich später von meiner Chefin erfuhr, ist sie der sehr lobenswerten Ansicht, dass man einem Arbeitnehmer zutrauen sollte, seine Aufgaben im Griff zu haben. Sonst bräuchte man (frau) sich ja nicht für ihn oder sie zu entscheiden. Und dass in dieser Hinsicht eher der Gesamteindruck von der Persönlichkeit eines Bewerbers entscheidet, dürfte wohl auch jeder Personalchef so sehen. Trotzdem: Ein bisschen Vorbereitung auf potenzielle Arbeitgeber mit anderen Maßstäben ist sicherlich nicht verkehrt. Die Menschen und ihre Ansichten sind bekanntlich verschieden.

97

WIE SIE DAS BILD VON DER RABENMUTTER LOSWERDEN

Wenn ein Kind auf die Welt kommt, ist im Normalfall ein Elternteil in Elternzeit und kümmert sich um den kleinen Neuankömmling. Doch die Zeit vergeht schnell, und irgendwann muss weitergearbeitet werden, damit die Kasse stimmt und der Arbeitsplatz nicht verloren geht. Das Kind wird dann meist in die Kindertagesstätte oder in den Kindergarten gebracht oder bekommt eine/n Babysitter/in. Manchmal arbeiten Mama oder Papa auch zu Hause, um immer ein Auge auf das Kleine zu haben. Doch selbst hier ist man natürlich nicht immer aktiv für sein Kind da, um mit ihm zu spielen, ihm etwas vorzulesen oder sich anderweitig mit ihm zu beschäftigen. Und auch wenn man noch so bemüht ist, stellt sich wohl jeder von Zeit zu Zeit die Frage, ob man trotz der (bezahlten) Arbeitsstelle überhaupt noch eine gute Mutter oder ein guter Vater ist. Nun, ich denke, diese Befürchtungen sind meist vollkommen unbegründet. Denn auch wenn es natürlich für einen selbst und für das Kind sehr schön wäre, mehr gemeinsame Zeit zu verbringen, so braucht es auch für das Leben mit Kind natürlich ein entsprechendes Budget. Vielleicht haben ja auch Sie sich schon einmal Gedanken über dieses Thema gemacht, sich sogar als schlechter Elternteil gefühlt und sich womöglich Vorwürfe gemacht. Bei Alleinstehenden mit Kind sind diese Themen naturgemäß noch viel dringlicher – schließlich haben Sie einerseits einen erhöhten Finanzbedarf, den Sie andererseits aber nur alleine erwirtschaften können. Und zwar während Sie gleichzeitig für Ihr Kind oder Ihre Kinder Sorge tragen. Ich habe mir in solchen Zeiten immer klargemacht, dass mein Kind sicherlich nicht glücklicher aufwachsen würde, wenn ich zwar viel Zeit mit ihm verbringen würde, dafür aber kein ausreichendes Einkommen hätte, um für ein gutes Auskommen zu sorgen. Und genau für diesen Rahmen im Interesse des Kindes sorgen wir ja, indem wir arbeiten – ob nun im Homeoffice oder vor Ort bei unserer Arbeitsstelle. Sehen sie es doch einmal so: Wenn Sie Ihr Kind wickeln, baden und pflegen, ihm etwas Gutes kochen oder es zum Einschlafen bringen, dann kümmern Sie sich persönlich um Ihren Schatz. Und wenn sie arbeiten gehen, dann kümmern Sie sich um den passenden finanziellen Rahmen für Sie und Ihr(e) Kind(er). Das bedeutet natürlich nicht, dass man dies als Entschuldigung verwenden sollte, um sein Kind öfter als nötig alleine zu lassen. Doch solange Sie Ihr Bestmögliches tun und für ihr Kind persönlich sorgen, sooft es geht, sind Sie ganz gewiss keine Rabenmutter oder ein Rabenvater.

98

WARUM EINE STROMSPERRE NICHT DAS ENDE DER WELT IST

Manchmal sind die Zeiten nicht rosig, und obwohl man jeden Euro dreimal umdreht, bleibt immer irgendwo noch eine Rechnung offen. Ich habe mir in diesen Zeiten angewöhnt, die wichtigsten Posten grundsätzlich zuerst zu bezahlen: Miete, Strom und Telefon. Denn ohne diese Basis funktioniert auch nichts anderes mehr. Steffano würde das sicherlich unterschreiben, denn ihm ist es tatsächlich einmal passiert, dass ihm der städtische Energieversorger die Leistung entzogen hat.

Und eine Sperre der Stromzufuhr wünscht sich nun wirklich niemand – es sei denn, es sind wahre Survival-Abenteurer unter Ihnen, die Freude daran haben, widrigen Umständen zu trotzen, und sich diesen sogar freiwillig aussetzen würden. Ich erinnere mich an einen guten Freund, der es liebte, mit sorgsam zusammengestelltem Gepäck für ein paar Tage in den Wald zu ziehen, um dort fernab von Nachbarn, Familie und Arbeitskollegen einfach die Stille zu genießen. Nachts schlief er in einer Hängematte oder in einem Zelt, ganz nach Witterung und persönlicher Stimmungslage, und lauschte dabei den für Stadtmenschen ungewohnten Geräuschen der Natur und der Tiere des Waldes. Ich fand seine Schilderungen immer sehr idyllisch. Es klang tatsächlich so, als könne man in dieser selbst gewählten Abgeschiedenheit ein ganz eigenes Glück finden. Etwas ganz anderes ist es allerdings, wenn sich plötzlich und gänzlich ungewollt das eigene Zuhause in eine Survival-Zone verwandelt, und zwar, weil Sie oder wer immer gerade dafür zuständig war, leider »totaal vergessen« hat, zwei Monate lang den Stromversorger zu bezahlen.

Steffano zum Beispiel war so ehrlich, mir einmal am nächsten Tag davon zu erzählen. Da kam er nämlich mit Lisa bei mir vorbei, damit wenigstens seine Tochter eine warme Dusche in meinem Bad nehmen und ihr gewohntes Schmink- und Frisierprogramm absolvieren konnte – Föhn, Glätteisen und Nagellack inklusive. Während Lisa dieses Programm in gewohnter Langsamkeit vollführte, saßen wir schon in der Küche, und er klärte mich verlegen über die Details auf. Nein, natürlich hatte er die Stromrechnungen nicht »vergessen«, er hatte einfach ein Liquiditätsproblem, wie manche

das so nett umschreiben. Das wunderte mich ehrlich gesagt recht
wenig, denn der arme Steffano wurde mit seiner Kunst auch nicht
wirklich reich. Man hätte auch sagen können, er war mal wieder
pleite. Das allerdings stimmte nur zum Teil. Eigentlich war gerade ein großer Schwung frischer Honorare auf seinem Konto eingegangen. Nur leider war der Rechnungsberg, der sich vor diesem
überaus erfreulichen Geldregen angesammelt hatte, um ein Vielfaches größer als das schöne Sümmchen, das er für den Zeitraum
von zwei Tagen sein Eigen nennen durfte – den zwei Tagen, in
denen er nach und nach seine Rechnungen bezahlte. Als er in dieser Zeit eines Abends mit seiner Tochter Lisa von einer dringend
nötigen Shoppingtour nach Hause kam, bemerkte er sofort, dass
etwas anders war als sonst. Es war ein frostiger Tag im November,
und Steffano hatte gerade einen schönen neuen Wintermantel für
seine geliebte Tochter in der Stadt gefunden. Anschließend gab es
noch ihre Lieblingssnacks im angesagten Fingerfood-Restaurant
nebenan, und dann ging es zufrieden nach Hause. Wie wohl alle
Eltern und besonders diejenigen unter den Alleinerziehenden, die
sich teure Klamotten für ihre Kinder nicht jeden Tag leisten können, war er in diesem Moment richtig glücklich und zufrieden mit
sich selbst. Er hatte seiner geliebten Tochter den heiß ersehnten
Mantel gekauft und sie anschließend sogar noch zum Essen eingeladen. So etwas konnte er ihr schließlich nicht jeden Tag bieten …
   Doch das Ankommen in der Wohnung lief nicht ganz so idyllisch
ab wie erhofft. Es war etwas kühler als sonst. Und der Lichtschalter
reagierte leider nicht auf das Tippen von Steffanos eiskalten Finger-
spitzen – es blieb dunkel. In der beginnenden Abenddämmerung
schaute ihn das Display des Festnetztelefons schwarz und schwei-
gend an, und er begann zu ahnen, mit welchem besonderen Abenteuer der Zivilisation er es gerade zu tun bekam. Mit den letzten
Prozenten Strom seines Handy-Akkus rief er bei seinem Stromversorger an. Ein freundlicher Mann erklärte ihm, dass der Strom leider erst wieder freigeschaltet werden würde, wenn seine Rechnung

bezahlt sei. Und damit nicht genug – auch nach sofortiger Zahlung über einen Bezahlservice würde es in jedem Fall noch bis zur Mitte des nächsten Tages dauern, bis seine Leitung wieder freigeschaltet sei. Der Grund: An diesem Tag sei in seinem Wohnort in besonders vielen Haushalten der Strom abgestellt worden. Da könne es schon eine gute Weile dauern, bis der freundliche Freischaltservice bei ihm vorbeikomme. Trotz dieser unangenehmen Nachricht huschte für eine Sekunde ein zaghaftes Lächeln über Steffanos erschöpftes Gesicht. Und er hatte schon gedacht, die lieben Nachbarn seien verreist …!

Nun war es an ihm, seiner Tochter das Survival-Erlebnis so komfortabel wie möglich zu machen. Zum Glück hatte er erst kürzlich aus dem Baumarkt zwei günstige, extra helle LED-Taschenlampen mitgebracht – eigentlich, um endlich mal den Keller aufzuräumen. Die dienten jetzt als Lichtquelle, sobald die Dunkelheit hereingebrochen war. Denn Kerzen wollte er während der Schlafenszeit dann doch nicht brennen lassen. Da auch die Heizung nicht lief, galt es sich warm einzupacken und die Wolldecken herauszuholen. Er überlegte. Was seiner Tochter jetzt gerade angenehm warm vorkam, könnte in der Nacht als Wärmespeicher womöglich nicht ausreichen. Denn ab jetzt würde die Wohnung von gemütlichen 20 Grad Raumtemperatur rapide herunterkühlen – dafür würden alleine schon die schlecht isolierten Altbaufenster sorgen. »Zieh dir noch ein paar Wollsocken drüber, und nimm meine Fellweste für die Nacht«, sagte er zu Lisa. »Nee Papa, auf keinen Fall, wie seh ich denn dann aus? Guck doch ma – so kann ich doch nicht rumlaufen«, maulte seine Prinzessin in bekannter Manier und hampelte vor dem Flurspiegel herum wie ein Marienkäfer, der versucht, wieder auf die Beine zu kommen. Das »Spieglein, Spieglein an der Wand« ließ allerdings im Schummerlicht nicht viel von ihrem Outfit erkennen außer ihrer trotzigen Schnute, denn sie hatte sich eine der kleinen Taschenlampen in die Tasche ihrer Hemdbluse gesteckt. »DU ZIEHST DAS JETZT AN«, forderte ihr Vater in ungewohnter

Strenge – und sie gehorchte ausnahmsweise. So kannte sie ihren sanften Paps ja gar nicht! Und später, als Lisa schon schlief, legte er ihr noch einen Schlafsack über die Decken, vor lauter Sorge.

Doch vorher gab es noch einen warmen Tee, den sie gemeinsam in der spärlich beleuchteten Küche schlürften. Für das Teewasser musste der Fonduetopf mit Brennpaste herhalten. Lisa hatte sogar Spaß daran, alles bereitzustellen und die Flamme zu entzünden. Gespannt kauerte sie vor ihrer selbst errichteten »Feuerstelle« und war ganz überrascht, dass das Wasser schon nach wenigen Minuten kochte und man so etwas wie »Tee« auch selber machen kann, anstatt ihn für drei Euro pro Tasse im Trend-Café zu erwerben. Die so zubereitete Tasse Tee schmeckte natürlich auch um Welten besser als ein schnöder Aufguss aus dem Schnellkochtopf! Dagegen war das abendliche Disco-Programm, das ihre Freundinnen gerade absolvierten, ja fast schon zum Gähnen. Die würden am nächsten Tag grün vor Neid, wenn sie von ihrem Abenteuer erzählen würde. Oder? Na ja, vielleicht sollte sie dieses Erlebnis besser für sich behalten, genauso wie den Besuch der freundlichen Gerichtsvollzieherin im letzten Monat. Sie grübelte ein wenig darüber, während sie gedankenverloren drei große Esslöffel Honig in ihrem Tee verrührte. »Low Carb ist das aber nicht, meine Liebe, nur weil du immer drauf bestehst«, kommentierte Steffano amüsiert. »Ach Papa, das ist doch jetzt auch schon egal!«, rollte sie fröhlich grinsend ihre Augen und nippte zufrieden an ihrem Survival Tee.

99

WIE SIE IHREN CHEF DAVON ÜBERZEUGEN, SIE AM LEBEN ZU LASSEN

Ein Problem, das Steffano nicht hat, ist das Auskommen mit einem direkten Vorgesetzten. Denn da er als Comiczeichner selbstständig arbeitet, hat er seine eigenen Kunden und ist somit auch mehr oder weniger sein eigener Chef. Die können zwar auch einmal unangenehm sein (oder unangenehm *werden*, wenn er seine Abgabefristen nicht einhält oder ein Briefing falsch verstanden hat und mit seiner Arbeit total neben den Erwartungen seines Auftraggebers liegt). Aber selbst dann läuft die Auseinandersetzung hauptsächlich per Telefon und E-Mail ab. Direkte persönliche Begegnungen sind da eher selten, worüber Steffano bei manchen Kunden auch wirklich froh ist. Ganz anders geht es jenen von uns, die täglich zur Arbeit fahren und dort mit Vorgesetzten, Kollegen und teilweise durchaus schwierigen Einsatzbedingungen zurechtkommen müssen. Und wer abgesehen vom Urlaub täglich in die Arbeit fährt, kennt auch die Höhen und Tiefen, die damit verbunden sind. Lassen wir jetzt einmal unerfreuliche Begleiterscheinungen wie lange Anfahrtswege unter Schlechtwetter-Bedingungen, Parkplatznot vor Ort (oder ewige Fußwege bis zur nächsten Haltestelle) und mies gelaunte, intrigante oder anderweitig anstrengende Kollegen beiseite. Wichtig für Alleinerziehende/r ist schließlich an allererster Stelle das Auskommen mit Vorgesetzten, damit Sie Ihre Stelle möglichst lange behalten können und sich in einer wohlwollenden Arbeitsatmosphäre wiederfinden. Damit die Chefin oder der Chef Sie vor Ort zu den gewünschten Zeiten antrifft, müssen Sie zunächst einmal ein ordentliches Zeitmanagement auf die Beine stellen. Darin gilt es die Termine Ihrer Kinder, Ihre eigenen Terminvorgaben, sämtliche An- und Abfahrtswege und natürlich die Besonderheiten in Ferien- und Krankheitszeiten zu berücksichtigen. Haben Sie die Möglichkeit, vorsorglich ein Netzwerk aus hilfsbereiten Unterstützern vorzubereiten, tun Sie es bitte, BEVOR der Ernstfall eintritt. Denn im Fall der Fälle werden Sie nicht viel Zeit haben, alles zu erklären oder Detailfragen zu klären wie: »Darf die kleine Emma denn trotz Laktoseintoleranz wenigstens ein Glas Kakao trinken?« oder »Was soll ich tun, wenn Gregors Fieber weiter steigt und der Kinderarzt geschlossen hat?«.

Erst recht keine leichte Übung ist das alles ohne helfende Verwandtschaft oder Freunde, die in Krankheitszeiten auch einmal spontan für die Kinder da sein können. Vor diesem Hintergrund kann ich Sie nur ermuntern, sich eine Arbeitsstelle mit freundlichen Vorgesetzten und verständnisvollen Kollegen zu suchen. Sonst könnte Ihr Dasein von heute auf morgen zu einem Spießrutenlauf verkommen, in dem Sie schließlich nur noch unerreichbaren Zielvorgaben hinterhereilen. Das wäre auf die Dauer weder für Ihre Kinder noch für Sie gesund und wird selbstverständlich auch nicht gerade Ihren Arbeitsergebnissen zugutekommen. Eine andere Möglichkeit ist auch die Option, teilweise oder ganz im Homeoffice zu arbeiten. Auch hier benötigen Sie jedoch Unterstützung zur Betreuung Ihrer Kinder, solange sie noch zu klein für Kita oder Kiga sind und für den Krankheitsfall. Geht es nur um einzelne Tage, kann vielfach eine befreundete Mutter weiterhelfen. Anders sieht es aus, wenn sich die Kinder gegenseitig anstecken und Sie quasi über drei Wochen hinweg immer wieder unabkömmlich sind. Je nach der Art Ihrer Arbeit kann da selbst bei verständnisvollen Vorgesetzten eines Tages die Geduld am Ende sein. Denn schließlich gibt es auch in Ihrer Arbeit Notwendigkeiten, die selbst der netteste Chef Ihnen nicht ersparen kann – sonst hätten Sie den Job wohl gar nicht erst bekommen.

Doch kommen wir zur eigentlichen Frage dieses Kapitels: Was wäre, wenn … es wirklich einmal so weit kommt, dass Sie Ärger im

Job bekommen, weil Ihnen aus einem der oben genannten Gründe gerade alles über den Kopf wächst? Gibt es ein Geheimrezept, mit dem Sie doch noch beweisen können, dass Sie die richtige Besetzung für Ihre Stelle sind und gerade nur eine schwere Zeit durchmachen? Meine Erfahrung ist: Ja, es gibt ein Rezept. Es fängt damit an, dass Sie sich in Ihre(n) Vorgesetzte(n) hineinversetzen und verstehen, was er oder sie von Ihnen benötigt. Und das sind drei Dinge: Aufrichtigkeit, Zuverlässigkeit und eine Perspektive, ab wann wieder mit Ihrer vollen Leistung und Anwesenheit zu rechnen ist. Diese Vorgaben sind vor allem auch dann wichtig, wenn Sie absehen können, dass Sie länger fehlen und in der Arbeit womöglich eine Vertretung eingesetzt werden sollte, bis bei Ihnen wieder alles nach Plan läuft. Und Aufrichtigkeit ist wichtig, damit sich Ihr Chef ernst genommen und nicht leichtfertig auf den Arm genommen fühlt. Glauben Sie mir, es gibt genügend Zeitgenossen, die tatsächlich denken, es würde nicht groß auffallen, wenn sie über längere Phasen nur 50 Prozent Leistung bringen oder sich andere Vergehen erlauben. Von dieser Spezies sollten Sie sich ganz klar abgrenzen und abheben, damit Ihre Persönlichkeit und Ihre Qualifikationen in ganzem Umfang gesehen werden.

100

WIE SIE IHRE KOHLE ZUSAMMENHALTEN UND VERMEHREN

Gerade Alleinerziehende haben meist ein eher kleineres Budget zur Verfügung und sollten daher auf ihre Ausgaben achten. Auch wenn das Haushaltsgeld knapp ist, muss man auf den ein oder anderen Luxus in der Regel nicht ganz verzichten. Allerdings sollte dieser bei kleinerem Budget möglichst nicht an erster Stelle stehen. Viele Leute sehen das allerdings anders. Es gibt tatsächlich Familien, in denen jeder Euro zweimal umgedreht werden muss, in denen jedoch jedes Familienmitglied das neueste Smartphone besitzt. Und das, obwohl man mit einem Verzicht auf den neuesten »Fingerabdruck-Scanner« mit stolzen 300 Euro mehr nach Hause gegangen wäre. Vielleicht denken Sie jetzt: Ja, ich habe wenig Geld zur Verfügung, aber ich würde nie auf die Idee kommen, mir so teure Technik zu kaufen. Glückwunsch, das ist genau die richtige Einstellung. Andere setzen sich aber mit dem Kauf solcher Dinge selbst unnötig unter Druck und wundern sich später, dass das Geld für die nächste Stromrechnung nicht mehr reicht – dabei wird es ohne Stromversorgung mit dem Aufladen des Handys etwas schwierig, zumindest in den eigenen vier Wänden. Und ins nächste Lokal werden Sie nach der Extra-Investition wohl auch nicht mehr gehen. Selbst wenn es nicht gleich um das neueste Smartphone oder den größten Fernseher geht: Es gibt nahezu in jedem Haushalt unnötige Ausgaben, die sich einsparen lassen. Damit meine ich weder, dass Sie Ihren Wohnsitz aufgeben und mit Ihren Kindern in eine dunkle Höhle am Ende des australischen Regenwaldes ziehen sollen, noch dass ab sofort die Nahrungsaufnahme nur noch aus dem Löffeln minderwertiger Dosensuppe bestehen muss. Nein, die Rede ist von kleinen teilweise fast unbewussten Ausgaben, die sich leichter verhindern lassen, als manche Menschen denken. Und auch wenn Sie glauben, dass Sie schon an allen Ecken sparen, gibt es meist immer noch eine Möglichkeit, die Ausgaben schmerzlos weiter zu reduzieren. Ich habe in meinem Haushalt sechs Sparmaßnahmen zur unumstößlichen Maxime erklärt. Vielleicht ist ja auch etwas für Sie dabei:

Trinken Sie mehr Leitungswasser, es ist im Durchschnitt 63-mal günstiger als Mineralwasser. (Wichtig: Vergewissern Sie sich vorher von einer guten Leitungswasser-Qualität). Ein weiterer Vorteil: Das Kistenschleppen entfällt, was richtig viel Zeit, Aufwand und Lagerplatz einspart. Bringen Sie auch Ihren Kindern das Wassertrinken bei, es ist gesünder und besser für die Zähne als viele andere zucker- oder fruchtzuckerhaltige Getränke.

Kaufen Sie Ihre Lebensmittel und Haushaltsprodukte beim Discounter. Denn hinter vielen Discounter-Produkten stecken Markenprodukte, die einfach nur umbenannt und im Preis gesenkt wurden. Sie machen also keine Abstriche bei der Qualität. Bei Produkten, die Sie oft verwenden, testen Sie einfach immer zuerst das günstigere. Nur wenn das nicht überzeugt, wechseln Sie zur teureren Variante. Für Obst und Gemüse lohnt sich ein Besuch auf dem Markt oder bei reinen Obst- und Gemüsegeschäften, wo die Ware oft viel günstiger und außerdem frischer ist.

Stecker raus! Denn viele der Geräte im Haushalt verbrauchen auch im Stand-by-Modus eine Menge Strom. Das freut bei der Jahresabrechnung Ihres Energieversorgers nicht nur Ihr Konto, sondern gleichzeitig auch noch die Umwelt.

Falls Sie es noch nicht längst getan haben, hören Sie mit dem Rauchen auf. Halten Sie sich vor Augen, dass Sie bei einem bisherigen Konsum von 20 Zigaretten täglich etwa 2000 Euro im ganzen Jahr sparen. Ihr Körper und Ihre Geldbörse werden es Ihnen danken. Und ein besseres Vorbild für Ihre Kinder sind Sie damit auch noch.

Holen Sie für sich und die Kinder die Fahrräder aus dem Keller. Das sorgt nicht nur für das nötige Plus an Bewegung, Sie sparen außerdem bares Geld für jeden Kilometer, den Sie und Ihre Kinder nicht mit Auto, Bus oder Bahn zurücklegen.

Überlegen Sie wöchentlich einmal – zum Beispiel an jedem Dienstag –, auf welche Geldausgabe Sie heute verzichten können, und tun Sie es dann einfach. Mia hat sogar mal eine Zeit lang einen Werktag pro Woche bestimmt, an dem sie einfach prinzipiell gar kein Geld ausgab. Stellte sich im Nachhinein heraus, dass eine Ausgabe doch nötig gewesen wäre, holte sie die Investition einfach nach.

Übrigens: Nur weil Sie irgendwann einmal etwas online eingekauft haben, lassen Sie sich bitte nicht von permanenten E-Mails mit Titeln wie »Probieren Sie jetzt italienische Feinkost«, »Heute versandkostenfrei« – »Bis zu 70 Prozent Rabatt – jetzt zuschlagen!« und »Genießen Sie den Sommer in Ihren Lieblingsstyles« locken. Nichts von all dem Plunder wird Sie oder Ihre Kinder glücklich machen. Beweisen Sie, dass Sie genau wissen, was Ihre Familie braucht, und auch, wie Sie am besten kalkulieren, um das zu ermöglichen. Und was nicht geht, geht eben einfach nicht. Basta. Ich habe mir angewöhnt, diese sogenannten »Newsletter« sofort wieder abzubestellen. Klappt das nicht, schiebe ich sie in den »Junk«-Ordner. Ich kann überhaupt nur dazu ermuntern, in Ihrem Mailprogramm die Junk-Ordner-Funktion zu nutzen. Alle paar Tage sollten Sie zwar auch dort mal nachsehen, ob etwas Wichtiges versehentlich dort gelandet ist. Aber ansonsten reicht ein gnadenloser Klick auf »Diesen Ordner leeren« und der Zauber der ewigen Werbung verpufft im Nichts.

101

WIE KINDER IHRE ERSPARNISSE VERFLÜSSIGEN

Luzies Kinder Marie und Robin sind vor zwei Monaten acht Jahre alt geworden. Es stand ein großer Vertrauenstest bevor. Die beiden sollten zum allerersten Mal für mehrere Stunden alleine zu Hause bleiben. Luzie war sich ihrer Sache sehr sicher, was sollte schon passieren. Falls etwas geschehen würde, könnten die beiden sie ja einfach über den extra eingerichteten Notfall-Knopf über das Telefon erreichen. Außerdem würde sie ja »allerspätestens nach dreieinhalb Stunden« wiederkommen (die Mütter unter uns wissen, was das heißt: Es könnte ganz *eventuell* auch *etwas* später werden). Ihre Erwartungen an die braven Kinder sollten sich allerdings nicht bestätigen, denn die beiden verursachten eine kleine Katastrophe. Nun möchten Sie sicherlich wissen, was die beiden überhaupt taten? Das ist eine lange, lange Geschichte. Um sie zu verstehen, müssen Sie erst einmal wissen, dass Steffano für eine Aufführung ein Farbexperiment mit extrem teurer, hochkonzentrierter chemischer Farbe plante. Diese Farbe ist so konzentriert, dass man normalerweise immer nur einige Millimeter in Wasser auflöst. Da die Kunst nun mal sein Beruf ist und seine Auftraggeber die Farbe bezahlten, hatte er jeden Farbton in sehr großzügiger Menge bestellt. Steffano war an dem Tag, an dem die Farbe geliefert wurde, allerdings zu Besuch an einer Kunsthochschule, um dort als Gast in einer Schulstunde aufzutreten, worauf er wirklich sehr stolz war. Deshalb bat er Luzie kurzerhand, die Lieferung in ihrer Wohnung anzunehmen, er würde die Sendung dann später einfach schnell mit dem Auto abholen. Leider nur wusste Luzie überhaupt nichts von dem gigantischen Ausmaß, in dem die Farbe zu ihr geliefert werden sollte. Sichtlich erstaunt wartete sie ab, bis der fleißige Paketbote insgesamt sieben stattliche Pakete die Treppen hinaufgetragen hatte. Nun gut, als die Pakete im Wohnzimmer abgestellt waren, machte Luzie sich endlich auf den Weg und ließ Marie und Robin wie vereinbart »für allerhöchstens dreieinhalb Stunden« alleine. Die Zwillinge hatten in der Schule gerade das Thema »Unsere Unterwelten«, in denen es um die Kanalisation ging. Dort hatten sie erfahren, dass das Wasser dort unten ganz braun sei und fürchterlich stinke. Die beiden nahmen sich also vor, das Wasser in der Kanalisation schöner zu machen, und was eignet sich da besser als Farbe? Beherzt rissen die Zwillinge kurzerhand das erste der Pakete im Wohnzimmer auf, das den Schriftzug »Hoch dosierter Farbstoff« trug. Sie leerten den ersten Behälter in die gefüllte Badewanne, und ob Sie es glauben oder nicht, so machten sie es auch mit dem Inhalt der anderen sechs Pakete. Nach jeder einzeln mit Farbe gefüllten

Badewanne zogen sie den Stöpsel und entließen die knallige Farb-
welt in die »Unterwelt«. Marie hatte noch die tolle Idee, auch etwas
für den guten Duft zu tun, und so spülten sie anschließend noch ein
paar Pfefferminz-Bonbons die Toilette herunter, schließlich sollte
es in der Unterwelt ja auch besser riechen. Rückblickend kann man
sagen, dass die zwei »hoch konzentriert« gearbeitet haben müssen, denn die Zeit verging wie im Flug – und schon stand Mutter
Luzie wieder in der Tür. Obwohl Robin geistesgegenwärtig noch
schnell die Badewanne ausgespült hatte, fand Luzie in der Badewanne noch so einige Farbflecken und wunderte sich. Doch es war
schon spät, der Tag neigte sich dem Ende zu, und so ließ sie die
Sache auf sich beruhen. Erst als sie am nächsten Morgen in der örtlichen Zeitung blätterte und den Artikel »Farbrückstände in Kanalisation entdeckt« aufblätterte, begann es in ihr zu arbeiten. Dort
stand zu lesen: »Bei den wöchentlichen Wasserproben im örtlichen
Klärwerk ist ein extremer Blaugehalt im Wasser aufgefallen. Nach
genauerer Überprüfung wurde festgestellt, dass es sich um Ab-
lagerungen chemischer Farbe handelt. Luzie sprintete sofort zum
Wohnzimmerschrank, in dem sich nur noch ein großer Berg Papier
befand. Die Ärmste musste also Farbe im Wert von mehreren Hun-
dert Euro ersetzen und Steffano bis zum neuen Lieferdatum sagen,
dass sie schrecklich krank sei und er seine Farben leider erst ein
paar Tage später abholen könne. Marie und Robin bekamen einen
Monat Fernsehverbot und durften vorerst nicht mehr alleine zu
Hause bleiben. Steffano hat bis heute keine Ahnung von der ganzen Aktion. Den Zeitungsartikel las er allerdings auch. Lustig, so
ein Zufall, dachte er sich bei der Lektüre …

102

WIE SIE MIT EINEM ANDEREN AUFTRETEN UNNÖTIGE AUSGABEN VERMEIDEN

An dieser Stelle möchte ich Sie darin bestärken, sich auch »Nicht-Alleinerziehenden« gegenüber zu Ihrer Lage zu bekennen. Geben Sie nicht vor, etwas (finanziell) leisten zu können, nur weil es Ihnen womöglich peinlich ist zu sagen: »Tut mir leid, aber mein Sohn bekommt diesen Winter die günstigste Skiausrüstung. Nächsten Winter ist er sowieso wieder herausgewachsen.« Damit geben Sie sich erstens keine Blöße, weil auch jeder andere, der womöglich über ein stattliches Einkommen und alle möglichen Sicherheiten verfügt, genauso entscheiden würde. Schließlich führt in den meisten Fällen nicht eine großzügige Ausgabenpolitik zu einem Plus in der Kasse, sondern eine wohldurchdachte Kalkulation. Und genau die können Sie ruhig als solche ins Feld führen, wenn andere meinen, mit Klamotten, teuren Spielsachen und Kinderwagen oder Ferienreisen punkten zu müssen. Nicht nur, dass Sie das (höchstwahrscheinlich) nicht leisten können, Sie haben es auch überhaupt nicht nötig. Legen Sie lieber mal einen Extra-Schein auf die Seite, um sich selbst eine zusätzliche Sicherheit zu schaffen: Das ist im Zweifelsfall die beste aller »Ausgaben«. Diese Haltung macht sich auch bei den seltenen Gelegenheiten, bei denen Sie mit Freunden ausgehen, im wahrsten Sinne des Wortes »bezahlt«. Überlegen Sie sich vorher, wie viel Sie maximal für sich allein oder für sich selbst und die Kinder ausgeben wollen. Und nehmen Sie am besten gar nicht erst mehr Geld mit. So fällt es Ihnen ganz leicht, im Eiscafé das Limit einzuhalten, und Sie haben sogar mehr Spaß an Ihrem Eis, weil Sie nicht durch quengelnde Kinderstimmen in Gewissenskonflikte geraten. Beim abendlichen Ausgehen mit Freunden (falls Sie dazu Gelegenheit finden …) klappt das genauso. Sie werden durch Ihr selbst gesetztes Limit andere Dinge von der Karte wählen und zufrieden damit sein, weil es Ihre eigene Entscheidung ist – und Sie sich gerne daran halten. Auch gegenüber der Verwandtschaft können Sie Ihren Status ruhig geltend machen. Wünschen Sie sich zum Geburtstag der Kinder oder zu Weihnachten zum Beispiel Dinge, die diese wirklich benötigen, angefangen bei neuer Kleidung über Zuschüsse zum Musikunterricht bis hin zum Equipment für die nächste Urlaubsreise oder die Fahrt ins Schullandheim. Wenn Sie das konsequent durchziehen, können Sie Ihr Monats- und Jahresbudget deutlich entlasten – und schonen gleichzeitig auch noch Ihr Nervenkostüm.

103

WIE SIE EINE NEUE WOHNUNG FINDEN

Eine neue Unterkunft zu finden ist gerade in der heutigen Zeit gar nicht mal so leicht, denn es gibt so einige Dinge, die einem dabei im Weg stehen können. Das wohl größte Problem sind die Finanzen, denn Immobilien werden von Jahr zu Jahr immer teurer. Den zweiten Platz auf der Liste belegt der Raumbedarf, denn es muss ja genug Platz für Sie und die Kinder sein. Sie sollten daran denken, dass ein Kind mit zunehmendem Alter mehr Freiraum und somit nach Möglichkeit ein eigenes Zimmer benötigt. Das Babybett kann am Anfang ja noch in Ihrem Schlafzimmer stehen, aber irgendwann braucht jedes Kind seinen eigenen Schlafplatz und ein eigenes Zimmer, in das es sich theoretisch jederzeit zurückziehen kann. Außerdem muss ich Ihnen leider mitteilen, dass die Welt ziemlich gemein und ungerecht ist. Denn es gibt so einige Vermieter, die wegen fehlender finanzieller Sicherheiten nur ungern an Alleinerziehende vermieten. Manch einer dieser Zeitgenossen geht sogar so weit, zumindest bei finanziell weniger gut gestellten Alleinerziehenden eine Bürgschaft zu verlangen. Ist dies bei Ihnen der Fall, ziehen Sie deshalb bitte auch Wohnungen in Betracht, von denen sie auf den ersten Blick vielleicht nicht sofort begeistert sind. Dazu gehört es auch, sich einmal Wohnviertel anzusehen, die Ihnen weniger attraktiv erscheinen. Manchmal stellt sich bei diesen Ausflügen in unbekannte Gegenden nämlich heraus, dass diese gar nicht so schlecht sind, Schulen, Ärzte und Geschäfte des täglichen Bedarfs in der Nähe haben und eine gute Anbindung an den öffentlichen Nahverkehr. So haben sie mehr Vergleiche und eine größere Auswahl. Außerdem gibt es Seiten im Internet mit Wohnungsangeboten, auf denen Sie genau nach Ihren Kriterien suchen können. Überlegen Sie sich, was Ihnen bei Ihrer Unterkunft am wichtigsten ist – und wo Sie und Ihre Kinder das eine oder andere Defizit verkraften können Steffano hat sich, als er eine Wohnung für sich und Lisa suchte, ganz nüchtern eine Pro-und-Contra-Liste notiert. Dort hat er auf der einen Seite alles erfasst, was für eine Wohnung sprechen könnte, auf der anderen, was er sich an einer neuen Wohnung nicht wünschen würde. Mit dieser Liste vor Augen ging er los und guckte sich richtig viele Wohnungen an – ein gutes Konzept. Denn er fand tatsächlich ziemlich genau, was er gesucht hatte, zu einem akzeptablen Mietpreis. Scheuen Sie sich außerdem nicht, für die Wohnungssuche auch ihre persönlichen Beziehungen zu aktivieren. Oft genug hört ein Kollege oder ein Familienmitglied von einer frei gewordenen Wohnung oder kennt jemanden, der in Kürze umzieht. Wenn diese Menschen von Ihrem Bedarf wissen, erfahren Sie ganz persönlich und womöglich noch vor der ersten öffentlichen Ausschreibung von freien Wohnungen. Und wer Sie dann aus dem privaten Miteinander bereits als zuverlässig erlebt hat, wird Sie und Ihre Kinder auch ohne Bedenken als zukünftige neue Mieter empfehlen.

Falls Sie nicht jedem Kind ein eigenes Zimmer ermöglichen können, lassen Sie möglichst gleichaltrige Geschwister ein Zimmer teilen. Ein symbolischer Raumtrenner wie ein halbhohes Regal oder Ähnliches schafft zumindest ein wenig Abgrenzung, damit jeder seinen eigenen kleinen Bereich hat. Kommen Freunde zu Besuch, die im gemeinsamen Zimmer zu viel Unruhe verursachen würden – etwa weil eines der Kinder lernen muss oder krank ist –, können Sie immer noch »ausnahmsweise« ein anderes Zimmer wie das Esszimmer oder das Schlafzimmer als Ausweichmöglichkeit anbieten.

→ Praxistipp: Hilfe statt Hoffnung

Allein mit dem eigenen Kind oder Kindern zu leben bedeutet in aller Regel, ein sehr überschaubares Budget verwalten zu müssen. Reden Sie sich bitte nichts schön, und fangen Sie gar nicht erst an, diesbezüglich auf Wunder zu hoffen. Je eher Sie damit beginnen, klug zu wirtschaften, desto besser werden Sie und Ihre Kinder zurechtkommen. Scheuen Sie sich nicht, falls nötig und möglich, Hilfen anzunehmen. Sie brauchen Ihre ganze Kraft und Ihre Gesundheit jetzt, um für Ihren Nachwuchs da zu sein.

KAPITEL XV

ACHTUNG

DER (ODER DIE) NEUE KOMMT!

Irgendwann einmal, wenn Sie schon längst nicht mehr daran denken, haben Sie plötzlich von einem Tag auf den anderen wieder Schmetterlinge im Bauch. Ja, ich weiß, das glauben Sie mir jetzt nicht. Aber wagen wir einfach einmal das Gedankenexperiment und nehmen nur mal an, es wäre so, auch wenn es gerade total unwahrscheinlich klingt. Es kann morgen sein, in einem halben Jahr, in drei Jahren oder in fünf. Vielleicht behalten Sie auch recht, und es passiert nie – was wiederum ich für sehr unwahrscheinlich halte … Denken Sie also in einer ruhigeren Phase Ihres Lebens ruhig schon einmal theoretisch darüber nach, frei nach dem Motto »Was wäre wenn«. Denn ist es schließlich doch so weit, haben Sie möglicherweise kaum noch Zeit, sich angemessen zu orientieren. Oder Sie sind so verliebt, dass Sie keinen klaren Gedanken mehr fassen können und sich nur mühsam an die wichtigsten Rahmenbedingungen Ihres Alltagslebens halten können. Aha, da höre ich Sie mal wieder lachen. Aber ehrlich: Das gibt es wirklich, fragen Sie mal Luzie, wie es damals mit Benno anfing! Aber vielleicht lachen Sie auch nicht, weil Sie jetzt gerade schon frisch verliebt in der Neustartphase stecken und ich bei Ihnen offene Türen einrenne – umso besser, das freut mich für Sie!

104

WIE SIE IHREM NEUEN DIE KINDER VORSTELLEN – ODER UMGEKEHRT

Je nachdem wie lange Sie schon mit Ihren Kindern allein leben, werden diese sich daran gewöhnt haben und betrachten es als Normalzustand, dass Sie zu Hause ausschließlich als Mama oder Papa ansprechbar sind. Wenn Sie jetzt einen neuen Partner einführen, wird die bisherige Lebensgestaltung zumindest umgestellt – für manche Kinder ist das ein großes Problem. Rechnen Sie also vorsichtshalber mit Gegenwind, wenn Sie Ihren neuen Partner oder Ihre neue Partnerin einführen. Ein Beispiel: Wenn ich meinen Sohn früher vom Kindergarten abholte und vorher beim Friseur war, musste er sich meist erst einmal umstellen und brauchte ein halbes Stündchen, bis ich wieder »seine Mama« war, und das, obwohl ich keine dramatische optische Veränderung im Sinne eines Haarfarbenwechsels von Schwarz auf Pink durchgemacht hatte oder Ähnliches. Bezogen auf das Thema dieses Kapitels macht das vielleicht deutlich, um wie viel größer und einschneidender ein neuer Partner oder eine neue Partnerin auf Elternseite für Kinder sein muss. Deshalb ist es ganz sicher nicht verkehrt, wenn wir uns rechtzeitig überlegen, wie wir reagieren, wenn von einem der Kinder totale Ablehnung kommt oder der neue Partner sich möglicherweise unerwartet schwer damit tut, auf die Kinder zuzugehen. Wichtig ist, dass Sie sich Ihrer Sache sicher sind, denn diese Sicherheit strahlen Sie bei den ersten Zusammentreffen Ihrer Lieben auch aus. Genauso würden Ihre Kinder und der oder die Neue es aber auch spüren, wenn Sie sehr unsicher sind – und sich dann vielleicht fragen, ob Sie eventuell Zweifel hegen. Zweifel, die gerade in diesen Fällen manchmal gar nicht so ungern genährt werden, indem die Kinder sich dem »Eindringling« gegenüber frech benehmen. Natürlich ist es auch möglich, dass dieser selbst distanziert oder unfreundlich zu Ihrem Nachwuchs ist: Immerhin muss er Ihre Liebe ja bis auf Weiteres mit den Kindern teilen und hat Sie nicht für sich allein. Eines sollten Sie als Möglichkeit von Anfang an ausschließen: Sie werden sich ganz sicher nicht von Ihrem neuen Glück wieder verabschieden, weil eines der Kinder sich gerade nicht damit anfreunden kann. Je nach Alter und Entwicklungsstand können die Reaktionen von Kindern schon recht heftig ausfallen. Zeigen Sie Ihren Kindern, dass Sie ihre Sorgen ernst nehmen, und gehen Sie auf ihre Gefühlslage ein. Luzie hat dies bei Robin auch getan, als sie vor längerer Zeit einmal einen neuen Partner mit nach Hause brachte. »Ich verstehe, dass du Benno nicht sehen möchtest. Aber weißt du, ich mag ihn und ich möchte gerne, dass er ab und zu hierherkommt« erklärte sie ihm. Schaffen es die Erwachsenen, dass die Kinder nach und nach ihre Bedenken vergessen und sich bei dem neuen Paar gut aufgehoben fühlen, haben Sie einen ersten großen Schritt gemeistert. Gibt es immer wieder Probleme, versuchen Sie gemeinsam an einer Lösung zu arbeiten. Und in schwierigen Stunden trösten Sie sich notfalls mit dem Gedanken, dass Ihre Kinder spätestens mit fortgeschrittener Pubertät froh sein werden, dass Sie in einer Partnerschaft sind. Denn so fällt es Ihnen leichter, den Kindern ihren so wichtigen Freiraum zu gewähren, den sie brauchen, um allmählich in die Selbstständigkeit hineinzuwachsen.

105

WIE SIE DEM NEUEN EINEN PLATZ IN IHRER MITTE GEBEN

Am einfachsten für alle Beteiligten ist es, wenn es eine gewisse Vorhersehbarkeit gibt. Diese kann auch unausgesprochen sein. So ist es zum Beispiel hilfreich, wenn die Kinder wissen, wann der neue Partner ihren Lebensbereich teilt – und wann nicht. Ziehen Sie alle in eine gemeinsame Wohnung oder kommt der Neue nur ab und an zu Besuch? Davon hängt es zum Beispiel auch ab, wie Sie den gemeinsamen Umgang gestalten. Mia hat es erlebt, dass ein Neuer, den sie nach langem Zögern dann doch ihrem kleinen Sohn Paul vorstellte, sie als Erstes fragte, ob er dem Kleinen denn Befehle erteilen dürfe. Zu dieser Zeit kam er allerdings nur alle paar Tage mal auf ein gemeinsames Essen zu Besuch, ganz selten übernachtete er einmal bei Mia. »Befehle, was denn für Befehle?«, fragte Mia damals total entgeistert. Na ja, meinte der Neue, der Kleine müsse ja schließlich auch ERZOGEN werden. Und da würde er ihr selbstverständlich nach Kräften helfen. »Nee danke, lass mal«, gab Mia ihm zur Antwort. »Bisher kommst du doch nur zu Besuch und hast noch gar keine persönliche Vertrauensbeziehung zu Paul aufgebaut. Da wären Befehle ganz sicher nicht das Richtige.« Machen Sie die Art und Weise Ihres Miteinanders also am besten davon abhängig, wie präsent der oder die Neue überhaupt im Leben Ihrer Kinder ist. Wenn er nur gelegentlich zu Besuch ist, kann er auch als Besucher behandelt werden und hat die »Rechte« eines Besuchers. Wenn Sie mehr oder weniger täglich zusammen sind oder sogar unter einem Dach leben, kann er oder sie selbstverständlich stärker in die täglichen Aufgaben einbezogen werden, sollte sich aber trotzdem mit der Erziehungsarbeit eher zurückhalten. Schließlich haben die Kinder in der Regel auch noch einen anderen Elternteil, den sie regelmäßig sehen und von dem sie ebenfalls erzogen werden. Versuchen Sie, diese Dinge möglichst eindeutig mit Ihrem neuen Partner und mit den (älteren) Kindern zu klären, damit jeder weiß, woran er ist, und seinen Platz in der neuen Gemeinschaft einnehmen kann. Das ist erfahrungsgemäß keine einmalige Sache, sondern erfordert immer mal wieder gemeinsames Hingucken, Besprechen und gegebenenfalls kleine Änderungen, damit die Beziehung mit der Entwicklung Schritt hält. Ganz selbstverständlich sollte dabei für Sie die Erkenntnis sein, dass Ihr Partner ebenfalls einen sehr großen Schritt geht – und seine ganze Lebenserfahrung und viele bisherige Gewohnheiten mitbringt. Auch diese Seite möchte gesehen, respektiert und integriert werden. Zeigen Sie ihm oder ihr das auch (und bitte nicht nur einmal), damit das gegenseitige Vertrauen und das Verständnis füreinander bestehen bleiben und mit in die neue Lebenssituation hineinwachsen können.

WIE IHRE KINDER DEN NEUEN LEICHTER AKZEPTIEREN

Unabhängig davon, ob jetzt oder in drei Jahren, finden Sie ja vielleicht mal wieder eine Person, mit der Sie eine Beziehung eingehen möchten. Haben Sie sich eigentlich schon einmal Gedanken darüber gemacht, wie Sie dieses Szenario dann Ihrem Kind oder Ihren Kindern erklären wollen?

Egal ob Sie nun mit Ja oder mit Nein antworten, sind Sie vermutlich noch zu keiner eindeutigen Erkenntnis gekommen. Nun, wie Aaron gelegentlich feststellt, das Leben ist keine Spielkonsole und kein Programmierboard – eine Komplettlösung kann ich Ihnen daher auch nicht liefern. Vielleicht kann ich Ihnen aber trotzdem ein wenig weiterhelfen. Unabhängig davon, ob Ihr Kind nun fünf oder 15 Jahre alt ist, sollten Sie sich schon einmal darauf einstellen, dass Ihr Kind Ihre Erklärung wohl nicht mit: »Oh, okay, du hast einen neuen Freund? Und der ist jetzt auch mein Stiefvater? Okay cool, kannst du mir was vom Einkaufen mitbringen?« beantworten wird. Denn für ein Kind ist es genau wie für einen Erwachsenen nicht ganz leicht, eine so große Umstellung einfach hinzunehmen.

Veränderungen sind fast immer leichter zu akzeptieren, wenn sie langsam, also schrittweise vonstattengehen. Vielleicht können Sie diese Regel ja auch in dieser Lebenslage verwenden, Ihre Kinder also nicht von heute auf morgen mit allem überrumpeln. Beispielsweise kann der neuer Lebenspartner ja erst einmal zum gemeinsamen Essen kommen und als guter Freund vorgestellt werden. So können Sie feststellen, ob sich Ihre Lieben beim ersten Zusammentreffen gut verstehen. Das heißt ganz konkret: wie Ihre Kinder auf den Menschen reagieren, der Ihr Herz erobert hat und wie dieser auf Ihre Kinder reagiert. Wenn sich herausstellt, dass Ihr neuer Partner »etwas Ernstes« ist (und nur dann werden Sie ihn wohl auch den Kindern vorstellen), können Sie je nach Alter und Persönlichkeit jedes Kindes natürlich unterschiedlich vorgehen. Es ist selbstverständlich genauso wenig zu empfehlen, dem kleinen Lukas zwei Monate vor der Hochzeit noch etwas vom »netten Trainer aus dem Fitnessstudio« zu erzählen, wie älteren Kindern den guten Bekannten nach nur einer gemeinsamen Mahlzeit mal eben als neues Familienmitglied zu präsentieren. Darüber hinaus ist es sicher sinnvoll, auch Ihr neues Herzblatt bei den ersten Begegnungen mit Ihrer Familie nicht zu überfordern. Fragen wie »Ist die Schoki, die du den Kindern mitgebracht hast, denn auch aus fair gehandeltem Kakao und mit ökodynamisch gezüchtetem Rohrohrzucker und echter Bourbon-Vanille angereichert?« sind dabei selbstverständlich fehl am Platz – aber das muss ich Ihnen ja sicher nicht sagen. Silvie, ja Sie werden es nicht glauben, aber auch sie hatte zwischenzeitlich einen sehr charmanten Verehrer, ist in dieser Hinsicht leider einmal etwas über das Ziel hinausgeschossen. Als dieser zum ersten Mal zu einem gemeinsamen Kaffeetrinken mit ihr und den Jungs eintraf, überreichte er ihr ein Päckchen vom Konditor mit erlesenen kleinen Küchlein. Doch Silvie probierte vorab in der Küche und entschied, die schmeckten aber leicht nach Alkohol, und deshalb dürfte sicherheitshalber keines der Kinder davon essen. Da half auch gutes Zureden nichts, das Drama war perfekt und die Stimmung im Eimer. Wenn Sie mich fragen, absolut unnötig. Denn Silvie verabreicht Ihren beiden Sprösslingen durchaus auch einmal alkoholhaltige Erkältungstropfen oder Baldrian. Da hätte der mit Liebe ausgesuchte Kuchen sicher kein größeres Unglück verursacht.

WIE SIE AUS DER GANZEN MELANGE
EINE PATCHWORKDECKE HÄKELN

Wenn Menschen, die aus ganz verschiedenen Leben kommen, nun plötzlich zu mehreren unter einem Dach leben, kann das unmöglich immer nur harmonisch und zu aller Zufriedenheit ablaufen. Stellen Sie sich selbst also nicht vor die unlösbare Aufgabe, dieses Ziel erreichen zu wollen. Besser ist es, Sie versuchen einen Mittelweg und reden mit allen darüber, dass es zwischendurch eben auch mal etwas holprig werden kann. Ob Sie das in großer Runde machen, zum Beispiel bei einer besonderen gemeinsamen Mahlzeit, oder mit jedem einzeln sprechen, ist dabei Ihnen überlassen und hängt natürlich auch davon ab, wie alt die Kinder sind, welche Persönlichkeit Ihr neuer Partner mitbringt und wie es Ihnen selbst am angenehmsten wäre. Das Ziel ist nicht, Friede, Freude, Eierkuchen zu inszenieren, sondern ein gutes Auskommen miteinander zu finden und auch mal zusammen Spaß zu haben. Ich erinnere mich (nur ungern) daran, wie ich über Monate versuchte, einen neuen Partner bei mir zu Hause einzuführen. Der Anfang lief sogar ganz gut. Der Neue gab sich bei den ersten Zusammentreffen mit Aaron viel Mühe, nahm sich Zeit für ihn, und die beiden hatten einen sehr harmonischen Start. Danach schien mein Partner aber zu denken, dieser Teil der Beziehung sei ja nun ein für alle Mal erledigt. Denn dass er sich seither noch jemals persönlich allein mit Aaron beschäftigt hätte, kam kein einziges Mal mehr vor. Wir versuchten an den Wochenenden, gemeinsam etwas zu unternehmen, aber ich stellte nach einigen Wochen fest, dass diese gemeinsamen Ausflüge eigentlich niemandem von uns dreien Spaß machten. Es wurde kein einziges Mal gelacht, die Atmosphäre war trotz meiner unermüdlichen Versuche, eine gute Stimmung zu schaffen, immer wieder verkrampft und unerfreulich. Ich musste notgedrungen einsehen, dass die Kombination dieses Partners mit meinem Kind hinten und vorn nicht zusammenpasste. Für mich war nach einigen Monaten, in denen ich auch immer wieder mit den beiden einzeln über die Situation sprach, klar: Das wird nichts mehr. Und ich zog notgedrungen die Reißleine. Heute bin ich froh, dass ich es getan habe. Damals fiel es mir unendlich schwer. Ich stehe auch heute noch auf dem Standpunkt, dass im Zweifelsfall das Kindeswohl und das gemeinsame Wohlfühlen mit den Kindern entscheidet. Denn wenn ich spüre, dass mein Kind sich über lange Zeiten in der Konstellation unwohl fühlt, kann auch ich mich nicht wohlfühlen. Anderen mag es da anders gehen. Ich kenne auch Fälle, in denen Mütter mit ihren neuen Partnern zusammenbleiben, obwohl diese sich einem oder mehreren Kindern gegenüber dauerhaft unangemessen verhalten. Ein Richtig oder Falsch gibt es diesbezüglich sicher nicht. Jeder entscheidet selbst über seinen Umgang und seine Familie.

108

WIE SIE MIT DEN TÄGLICHEN HERAUSFORDERUNGEN IHRER NEUEN FAMILIE UMGEHEN

Stellen wir uns vor, der neue Partner oder die neue Partnerin harmoniert tatsächlich über längere Zeit mit Ihnen und den Kindern. Sie beschließen gemeinsam, den großen Schritt zu wagen und künftig gemeinsam unter ein und demselben Dach zu leben. Stellen Sie sich dann bitte darauf ein – und am besten auch Ihren Partner oder

Ihre Partnerin –, dass selbst harmonische Beziehungen damit auf einen neuen Prüfstand gestellt werden. Denn immerhin ist es etwas anderes, ob der nette Neue ab und zu als Besucher bei Ihnen ist und dann wieder in seine eigene Wohnung fährt. Oder ob die Kinder ihn künftig ganz selbstverständlich in Küche, Bad und Wohnzimmer antreffen. Vielleicht durfte die kleine Maja bisher immer noch in Mamas Bett kommen, wenn ihr nachts danach war? Dann sollten Sie jetzt nicht abrupt neue Regeln einführen, sondern diplomatisch vorgehen. Vielleicht gehen Sie zu Maja und legen sich ein halbes Stündchen zu ihr, bis sie wieder eingeschlafen ist. Oder der Partner toleriert es für eine Weile, dass das Töchterlein auf Mamas Seite unter die Decke krabbelt. Besprechen Sie die Befindlichkeiten und Möglichkeiten ganz offen. Der Partner hat auch ein Recht zu sagen, dass ihm dies nicht behagen würde. Schließlich ist das Schlafzimmer nun auch seine Privatzone, und er darf offen über seine Bedürfnisse sprechen. Fühlt er sich mit Situationen wie dieser unbehaglich, dann finden Sie gemeinsam eine andere Lösung. Ältere Kinder werden vielleicht zunächst kritisch bewerten, wie der oder die Neue sich unter dem gemeinsamen Dach »anstellt«. Machen Sie Ihren Sprösslingen klar, dass Sie alle sich nun ein wenig neu sortieren müssen und jeder seinen eigenen Platz im Miteinander finden muss. Signalisieren Sie Offenheit und Gesprächsbereitschaft: »Du kannst immer zu mir kommen«, denn nur so erfahren Sie auch, was in den Herzen und Köpfen Ihrer Lieben vor sich geht, und können dementsprechend handeln. Manche Kinder werden vielleicht auch erleichtert sein, dass sie nun nicht mehr die alleinige Konstante in Mamas oder Papas Leben sind. Denn so bleibt ihnen mehr Raum für ihre kindliche und jugendliche Entwicklung, und sie werden nicht mit allzu viel »Erwachsenenkram« belastet.

→ Praxistipp: In der Ruhe liegt die Kraft

Eine neue Partnerschaft bringt viel frisches Glück und Schwung in Ihr Leben – und viel Verantwortung. Lassen Sie es also langsam angehen, wenn sich die Partnerschaft wirklich als etwas »Ernstes« erweist. Gewöhnen Sie gerade kleinere Kinder nach und nach an alles Neue in ihrem direkten Umfeld. Und achten Sie darauf, dass die bisherigen Bezugspersonen außer Ihnen, etwa der Papa, das Kindermädchen, Oma und Opa und die Betreuerinnen in Kiga oder Kita, möglichst konstant bleiben. Das gibt den Kleinen die nötige Sicherheit, um sich in dem nach und nach entstehenden Neuen zurechtzufinden. Sprechen Sie mit ihrem Ex und dem Neuen darüber, wie Sie gemeinsam die neue Situation gestalten. Am besten reden Sie mit jedem einzeln. Wichtig und im Sinne der Kinder ist es, dass die beiden sich so gut wie möglich respektieren und einen ruhigen Umgang miteinander hinbekommen. Dann werden auch die Kinder die Situation besser meistern.

SCHLUSSWORT UND EIN GROSSES DANKESCHÖN

Wer es bis zum Schlusswort geschafft hat, ist der oder die Erste, der ein großes Dankeschön verdient hat! Es sei denn, liebe Leserin oder lieber Leser, Sie haben sich die Freiheit erlaubt, dieses Buch von hinten anzufangen.

WIE SIE DEN WEG ALS ZIEL ERKENNEN

Falls Sie es tatsächlich geschafft haben, dieses Buch bis zu dieser Seite zu lesen, möchte ich Sie herzlich beglückwünschen. Sie haben Ausdauer gezeigt – und genau das ist es, was Ihnen das Leben als Alleinerziehende/r leichter macht. Ich habe über die Jahre immer mal wieder den Fehler gemacht zu glauben (und nicht selten auch zu hoffen), dass die Mühen irgendwann weniger werden. Oder sich ändern und dann nicht mehr so viel Zeit und Energie kosten. Oder dass plötzlich jemand in mein Leben kommt, der das Patentrezept gegen alle Abstrampeleien des Alleinerziehens kennt. Das war allerdings in den letzten elf Jahren nicht der Fall. Und so möchte ich heute die Erkenntnis mit Ihnen teilen, dass es wohl besser ist, wenn man sich auf einen Langstreckenlauf einstellt. Denn dann kann es gelingen, die eigenen Energien (meistens) klug einzuteilen, das Leben mit den Kindern nach den eigenen Wünschen zu gestalten – und zu genießen. Und auch die Neugier hilft Ihnen unterwegs immer wieder weiter. Denn so kapseln Sie sich nicht ab, sondern entdecken immer wieder Neues, das Ihr Leben mit den Kindern bereichert und dazu beiträgt, Freude in Ihre gemeinsame Welt zu bringen.

Behalten Sie immer etwas Kraft, Zeit und wenn möglich auch Geld in Reserve. Fangen Sie klein an. Planen Sie für jeden Tag eine kleine Besonderheit für sich selbst ein, die Ihnen Freude macht und Kraft gibt. Verplanen Sie mindestens eine Stunde des Tages nicht mit Pflichten, und halten Sie sich auch daran, in dieser Zeit nichts Nützliches zu erledigen. Sie haben ein Recht darauf, sich selbst treu zu bleiben und für Ihr Wohlergehen zu sorgen!

Bevor ich zu meinen Danksagungen komme, möchte ich Ihnen noch einen Einblick in die Entwicklung von *How to survive als Alleinerziehende* geben. Denn in gewisser Weise ist sie typisch für mein Dasein als Alleinerziehende. Warum? Unglaublich, aber wahr ist: Nur wenige Wochen, nachdem ich begonnen hatte, dieses Buch zu schreiben, holte mich meine Erschöpfung ein, und ich musste plötzlich feststellen, dass ich mich und meine aktuelle Leistungskraft total überschätzt hatte. Die Fristen, die ich in Kenntnis meiner üblichen Arbeitszeiten mit dem Verlag abgesprochen hatte, kamen eine nach der anderen ins Wanken und wurden immer wieder durch neue ersetzt. Ich konnte es kaum glauben – ich war so überarbeitet und strapaziert von den Entwicklungen der letzten Jahre, dass ich meine Arbeitskraft überhaupt nicht mehr einschätzen konnte. Auch andere Auftragsarbeiten kamen gefährlich ins Schleudern, und ich sah mich an allen Fronten mit Fragen von größtenteils langjährigen Auftraggebern konfrontiert, was um Himmels willen denn plötzlich mit mir los sei! Zum Schluss war die Lage so verquer, dass ich dachte, an einem Wochenende Notizen und Fundstücke aus mehreren Jahren mal eben geschmeidig in dieses Manuskript einarbeiten zu können. Ja, lachen Sie ruhig! Mein Verleger Oliver Schwarzkopf höchstpersönlich und mein Literaturagent Dr. Martin Brinkmann fanden dies leider irgendwann wirklich bedenklich, und nach einer gründlichen Bestandsaufnahme stand fest, dass ich es mit nichts Geringerem als einem Burn-out zu tun hatte. Ausgerechnet jetzt! Und das mir, die doch über die Jahre immer irgendwie die Ruhe bewahrt hatte und kontinuierlich neue Wege finden konnte, um alles auf ein gutes Gleis zu bringen …

Nun, es ist dem besonderen Verständnis und der Geduld und Nachsicht dieser beiden Menschen zu verdanken, dass ich neuen Mut fasste und Zeit bekam, um dieses Buch in Ruhe abzuschließen. Dafür an dieser Stelle ein extra großes DANKESCHÖN!

Das nächste herzliche Dankeschön gilt meinem Sohn Aaron und meiner Freundin Alexandra, einer seit vielen Jahren erfolgreichen freien Journalistin, die sich exzellent mit Themen rund um Familie und Job auskennt. Beide haben mit zahlreichen guten Ideen und ganz konkreten Anregungen viel zum Gelingen dieser Seiten beigetragen! Auch meinen Freundinnen und Freunden, die mir erlaubt haben, die eine oder andere Anekdote aus ihrem Leben und unseren gemeinsamen Erlebnissen hier festzuhalten, danke ich an dieser Stelle ganz besonders. Und last, but not least danke ich Ihnen, liebe Leserinnen und Leser. Ich weiß aus eigener Erfahrung nur zu gut, wie wenig Zeit jedem von uns für den Luxus einer Buchlektüre und vieles andere, was unser Erwachsenen-Dasein ausmacht, zur Verfügung steht. Umso mehr weiß ich es zu schätzen, dass Sie sich diese Seiten angesehen haben. Ich wünsche Ihnen, dass Sie Ihre wertvolle Zeit mit Kind oder Kindern so viel wie möglich genießen und auskosten können. Alles Gute dafür!

Herzlich Ihre
Sarah Rauch

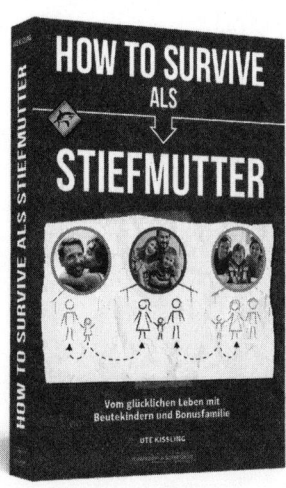

OMA, OPA, KANN ICH EIN EIS?!

KINDER BRAUCHEN VIEL GELASSENHEIT, ZEIT, NACHSICHT UND LIEBE. MIT ANDEREN WORTEN: ETWAS, WOVON OMA UND OPA VIEL HABEN UND VIEL ABGEBEN KÖNNEN.

OMA, OPA, KANN ICH EIN EIS?!
VOM GLÜCK, ENKELKINDER ZU HABEN
Von Dietrich von Horn
256 Seiten, Taschenbuch
ISBN 978-3-86265-672-1 | Preis 9,99 €

Die Betreuung des Nachwuchses durch die Großeltern ist Alltag in Deutschland. Die Ansprüche der Enkelkinder (und deren Eltern) sind mittlerweile sehr hoch. Wie soll man als Großeltern also damit umgehen? Manche drücken sich vor dem Besuch der kleinen Quälgeister, andere sind frustriert, dass der Nachwuchs keine Lust auf das mühevoll vorbereitete Freizeitprogramm von Oma und Opa hat. Und dann sind da noch die ewigen Diskussionen mit den Kindeseltern über zu viel Süßigkeiten, zu wenig Schlaf oder Fernsehverbot.

Dietrich von Horn hat selbst vier Enkelkinder und kennt die Vorzüge des Opa-Seins. In seinem Buch berichtet er von persönlichen Erlebnissen und gibt Tipps, wie man die Zeit mit den Enkeln sinnvoll nutzt und genießt und wie man den Balanceakt zwischen maßlosem Verwöhnen und maßvoller Unnachgiebigkeit meistert.

SARAH RAUCH, Jahrgang 1965, ist seit über zehn Jahren alleinerziehende Mutter eines mittlerweile zwölfjährigen Sohnes. Ihre Erlebnisse in dieser Zeit haben in keiner Weise dazu beigetragen, diese besondere und immer weiter verbreitete Lebensform zu bedauern. Im Gegenteil, zumeist lebt sie recht munter als Autorin dahin und teilt die Höhen und Tiefen des Alltags mit anderen Alleinerziehenden.

Sarah Rauch
HOW TO SURVIVE ALS ALLEINERZIEHENDE
Locker bleiben allein mit Kind

ISBN 978-3-86265-641-7
© Schwarzkopf & Schwarzkopf Verlag GmbH, Berlin 2017
HOW TO SURVIVE – DIE REIHE MIT DEM HAI wird von Martin Brinkmann und Oliver Schwarzkopf herausgegeben | Alle Rechte vorbehalten. Dieses Werk ist urheberrechtlich geschützt. Jede Verwendung, die über den Rahmen des Zitatrechtes bei korrekter und vollständiger Quellenangabe hinausgeht, ist honorarpflichtig und bedarf der schriftlichen Genehmigung des Verlages. | Coverfotos: links oben: arthurbraunstein/photocase.de; links unten: © Alena Ozerova/fotolia.de; Mitte: © Julialine/photocase.de; oben rechts: © Konstantin Yuganov/fotolia.de; unten rechts: © Monkey Business/fotolia.de | Fotos im Textteil: Seite 13: © Kzenon/depositphotos.de; Seite 37: © javiercorrea15/depositphotos.de; Seite 47: © Kostia777/depositphotos.de; Seite 63: © arthurbraunstein/photocase.de; Seite 85: © AllaSerebrina/depositphotos.de; Seite 93: © monkeybusiness/depositphotos.de; Seite 111: © Goodluz/depositphotos.de; Seite 121: © oneinchpunch/depositphotos.de; Seite 131: © Monkey Business/fotolia.de; Seite 149: © jminso/depositphotos.de; Seite 161: © Atalanta17/depositphotos.de; Seite 175: © luna123/depositphotos.de; Seite 189: © galitskaya/depositphotos.de; Seite 199: © jolopes/depositphotos.de; Seite 219: © iakovenko123/depositphotos.de | Grafiken: © leremy/depositphotos.de

DER VERLAG
Schwarzkopf & Schwarzkopf Verlag GmbH
Kastanienallee 32, 10435 Berlin
Telefon: 030 – 44 33 63 00
Fax: 030 – 44 33 63 044

INTERNET | E-MAIL
www.schwarzkopf-schwarzkopf.de
www.facebook.com/schwarzkopfverlag
info@schwarzkopf-schwarzkopf.de